大人だって本当は知らない

10才からの
整《せい》理《り》整《せい》とん

監修
梶ヶ谷陽子
整理収納アドバイザー

マンガ
みるパン

永岡書店

はじめに

みなさんは「かたづけ」が好《す》きですか？
きっと「きらい！」って答《こた》える人《ひと》が多《おお》いかもしれませんね。
「かたづけがきらい！」って思《おも》う人《ひと》にもう一《ひと》つ質問《しつもん》です。〝なぜ〟かたづけがきらいって思《おも》いますか？
もし、その答《こた》えが「めんどくさいから！」「かたづけたっていいことが何《なに》もない！」などの理由《りゆう》なら、ぜひこの本《ほん》を最後《さいご》まで読《よ》んでみてください。

わたしは整理《せいり》収納《しゅうのう》アドバイザーの梶ヶ谷《かじがや》陽子《ようこ》といいます。もっとわかりやすくわたしのことを紹介《しょうかい》すると、「かたづけの先生《せんせい》」です。
家《いえ》の中《なか》がちらかって困《こま》っている人《ひと》と一緒《いっしょ》にかたづけをしたり、かたづけ講座《こうざ》を開《ひら》いたり、みなさんがもしかしたら見《み》たことのある「ちらかった部屋《へや》のビフォー・アフター」を作《つく》る人《ひと》としてテレビ番組《ばんぐみ》に出《で》たりもしています。

多《おお》くの人《ひと》はかたづけがきらいです。そういう人《ひと》たちにわたしは今《いま》までたくさん出《で》会《あ》ってきました。
でも、「あること」を知《し》ると、多《おお》くの人《ひと》が「かたづけってすごい！」「かたづけって楽《たの》しい！」と笑顔《えがお》になってくれます。

その「あること」が何《なに》か、みなさんはわかりますか？

それは「かたづけをすると、いいことがたくさん起《お》きる」ということです。

たとえば「自分《じぶん》が好《す》きなことをする時間《じかん》が増《ふ》える！」というのもかたづけをすると起《お》きるいいことの一《ひと》つです。

この本《ほん》を読《よ》むと、「整理《せいり》・収納《しゅうのう》・かたづけ・整《せい》とんの正《ただ》しい意味《いみ》」がわかります。

そして「正《ただ》しいかたづけの順番《じゅんばん》と進《すす》め方《かた》」を知《し》ることができます。

正《ただ》しい「かたづけ」を身《み》につけることは、将来《しょうらい》みなさんがどんな環境《かんきょう》で暮《く》らすことになっても、いつでも自分《じぶん》が大好《だいす》きな空間《くうかん》でラクに快適《かいてき》に過《す》ごすことにつながります。

わたしは今《いま》までこの仕事《しごと》を通《つう》じて、たくさんの人《ひと》たちの笑顔《えがお》を見《み》てきました。かたづけがこんなにも多《おお》くの人《ひと》を笑顔《えがお》にできるものだということをぜひ知《し》ってほしいと思《おも》っています。

この本《ほん》を読《よ》み終《お》わったとき、みなさんの心《こころ》の中《なか》に「かたづけって楽《たの》しい！」という気持《きも》ちが生《う》まれて、笑顔《えがお》になってくれることを心《こころ》から願《ねが》っています。

8:00 登校《とうこう》
早《はや》く行《い》かないと、ちこくするわよ！
コンパスがどっかいっちゃったの〜。
どこ〜〜
ぐちゃ〜
“置《お》き場所《ばしょ》が決《き》まっていない”をやっつけよう →48ページ
3:30 帰宅《きたく》
工作《こうさく》の作品《さくひん》、どこに置《お》こう〜。
ギュ〜〜〜!!
…
とりあえず、クローゼットに入《い》れとこ！
“モノが多《おお》すぎる”をやっつけよう →40ページ
できるようになる！
8:00 起床《きしょう》
うわっ、ねぼうした!!
ギャ〜〜!!
パジャマはぬぎっぱなしにしないで！
モノをしまう場所《ばしょ》を決《き》める
→50ページ
10:30 授業中《じゅぎょうちゅう》
ポスターづくり
やばい、絵筆《えふで》がない！
もしかして、あのとき捨《す》てちゃった…!?
これゴミ〜
ポイッ
ガ〜〜ン!!
空《カラ》ッ
必要《ひつよう》なモノを見《み》きわめるポイントはこれ！ →43ページ

5:00 自由時間《じゆうじかん》
ぐぎぎぎ…
引《ひ》き出《だ》しが引《ひ》っかかって、開《あ》かない～!!
ごちゃあ…
モノが多《おお》いのはだめなんですか？ ➡85ページ
8:00 夕飯後《ゆうはんご》
会社《かいしゃ》の人《ひと》におかしもらったの！
わ～～
かわいい箱《はこ》！もらってもいい？
紙《かみ》ぶくろもほしい！
にゃんこサブレ
「もったいなくて」捨《す》てられません…… ➡91ページ
この本《ほん》を読《よ》めばかたづけが
4:00 宿題《しゅくだい》
ゴゴゴ…
つくえの上《うえ》がきたないから、リビングでやるか！
やれやれだぜ…
ふ～
勉強《べんきょう》づくえを使《つか》いこなそう！ ➡108ページ
10:00 就寝《しゅうしん》
ぐ～
いろいろ出しっぱなし…
どうしてかたづけなきゃいけないの？ ➡16ページ

しんだんしよう！

← はい　← いいえ

「はい」か「いいえ」で答《こた》えて進《すす》んでね。

スタート

今《いま》、パンパンになっている引《ひ》き出《だ》しがある。

タダのモノは、とりあえずもらう。

いろいろな種類《しゅるい》を集《あつ》めるのが好《す》き。

どうやってしまっていいかがよくわからない。

かたづけの途中《とちゅう》でいやになることが多《おお》い。

持《も》ち物《もの》が多《おお》いほうだと思《おも》う。

使《つか》わなくなったモノでも、とりあえず取《と》っておく。

いらないモノは、すぐに捨《す》てる。

おかしのカンや空《あ》き箱《ばこ》、包装紙《ほうそうし》などが捨《す》てられない。

たくさん入《はい》るかばんが好《す》き。

大事《だいじ》にしている思《おも》い出《で》の品《しな》がある。

どこにしまったか、わからなくなることが多《おお》い。

❶かたづけなんてしたくない！

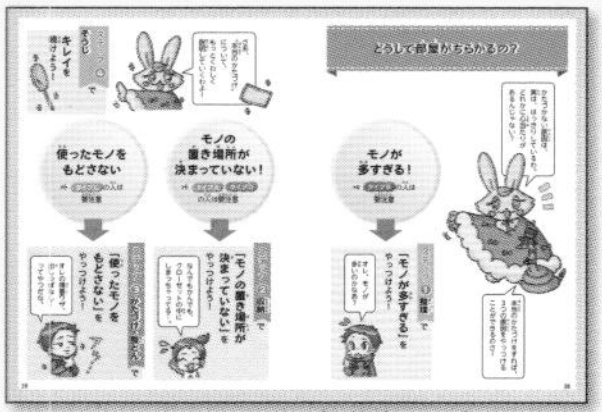

❷かたづけの基本《きほん》を知《し》ろう！

❸おまかせ！　かたづけ相談室《そうだんしつ》

❹整理《せいり》と収納《しゅうのう》をやってみよう！

❺かたづけ・整《せい》とんと
そうじをやってみよう！

この本《ほん》でぜーんぶ
解決《かいけつ》!!

きみのかたづけタイプを

手《て》がとどくところにあるほうが便利《べんり》だと思《おも》う。
→はい：A《エー》 →28ページ　とりあえずどこかに置《お》いちゃうタイプ
→いいえ：

モノに囲《かこ》まれているほうが安心《あんしん》する。
→はい：B《ビー》 →29ページ　もったいなくて捨《す》てられないタイプ
→いいえ：

いつも部屋《へや》がちらかっている。
→はい：C《シー》 →30ページ　出《だ》しっぱなし、使《つか》いっぱなしタイプ
→いいえ：

きれいにかたづいているとうれしい。
→はい：D《ディー》 →31ページ　つめこんでかくしちゃうタイプ
→いいえ：C《シー》 →30ページ

もくじ

はじめに …… 2
きみのかたづけタイプをしんだんしよう！ …… 6
この本《ほん》に出《で》てくる子《こ》たち …… 10

PART 1 かたづけなんてしたくない！ …… 11

部屋《へや》がきたなくて、友《とも》だちと絶交《ぜっこう》!? …… 12
どうしてかたづけなきゃいけないの？ …… 16
〝本当《ほんとう》のかたづけ〟ってどんなこと？ …… 22
きみのかたづけ方《かた》は、どのタイプ？ …… 26
モノをとりあえずどこかに置《お》いちゃうタイプ …… 28
もったいないからモノを捨《す》てたくないタイプ …… 29
何《なん》でも出《だ》しっぱなし、使《つか》いっぱなしタイプ …… 30
モノをつめこんでかくしちゃうタイプ …… 31
かたづけをするのは、自分《じぶん》のため！ …… 32
コラム❷ 空《あ》き箱《ばこ》で収納《しゅうのう》ボックスを作《つく》ろう！ …… 36

PART 2 かたづけの基本《きほん》を知《し》ろう！ …… 37

どうして部屋《へや》がちらかるの？ …… 38

Step❶ 整理《せいり》
〝モノが多《おお》すぎる〟をやっつけよう …… 40
(1)必要《ひつよう》なモノ・不要《ふよう》なモノに分《わ》ける …… 42
(2)不要《ふよう》なモノを処分《しょぶん》する …… 46

Step❷ 収納《しゅうのう》
〝置《お》き場所《ばしょ》が決《き》まっていない〟をやっつけよう …… 48
(1)モノをしまう場所《ばしょ》を決《き》める …… 50
(2)モノのしまい方《かた》を考《かんが》える …… 52

Step❸ かたづけ・整《せい》とん
〝使《つか》ったモノをもどさない〟をやっつけよう …… 56

Step❹ そうじ
そうじで〝きれい〟を続《つづ》けよう …… 60
〝本当《ほんとう》のかたづけ〟を続《つづ》けるコツは？ …… 64

突撃《とつげき》! インタビュー
スーパーマーケットの整理整《せいりせい》とんを教《おし》えてください! …… 67
コラム② ファイルボックスを作《つく》って収納《しゅうのう》しよう! …… 74

PART 3 おまかせ! かたづけ相談室《そうだんしつ》 …… 75
❶かたづける気《き》がおきません…… 76
❷かたづけって、いつすればいいの? …… 82
❸モノが多《おお》いのはだめなんですか? …… 85
❹必要《ひつよう》なモノなのに、捨《す》てろって言《い》われちゃう …… 88
❺「もったいなくて」捨《す》てられません…… 91
❻どうして自分《じぶん》だけ
かたづけなくちゃいけないの? …… 96
コラム② 収納《しゅうのう》のしやすさ=アクションの回数《かいすう》! …… 100

PART 4 整理《せいり》と収納《しゅうのう》をやってみよう! …… 101
どんな部屋《へや》にするかを考《かんが》えよう …… 102
勉強《べんきょう》に関係《かんけい》があるモノを整理《せいり》・収納《しゅうのう》しよう …… 104
本《ほん》やざっしを整理《せいり》・収納《しゅうのう》しよう …… 116
しゅみや遊《あそ》び道具《どうぐ》を整理《せいり》・収納《しゅうのう》しよう …… 122
自分《じぶん》の作品《さくひん》やもらったモノを整理《せいり》・収納《しゅうのう》しよう …… 128
洋服《ようふく》を整理《せいり》・収納《しゅうのう》しよう …… 132
コラム④ “MOTTAINAI《モッタイナイ》”は世界《せかい》の共通語《きょうつうご》! …… 140

PART 5 かたづけ・整《せい》とんとそうじをやってみよう! …… 141
使《つか》ったモノを元《もと》の場所《ばしょ》にもどそう …… 142
“ちょこっとそうじ”と
“がっつりそうじ”でカンペキ! …… 146
おわりに「保護者《ほごしゃ》のかたへ」 …… 158

この本《ほん》に出《で》てくる子《こ》たち

キャロリーヌ

気《き》の強《つよ》いウサギのおばさん。めし使《つか》いのMr.《ミスター》ヘヴィにとてもしたわれている。

Mr.《ミスター》ヘヴィ

気《き》のやさしいヘビ。ご主人《しゅじん》のキャロリーヌのことが大好《だいす》きで尊敬《そんけい》している。

らぴす

モノを集《あつ》めるのが好《す》き。ぬぎっぱなし出《だ》しっぱなしで、いつもしかられている。

るり

いつか使《つか》うかもと思《おも》うとなかなか捨《す》てられないタイプ。きれいな部屋《へや》に見《み》えても実《じつ》はクローゼットの中《なか》が…？

たまたま、同《おな》じ日《ひ》に同《おな》じ病院《びょういん》で生《う》まれたおさななじみ。ふたりとも一人《ひとり》っ子《こ》できょうだいのような関係《かんけい》。家《いえ》も近所《きんじょ》で同《おな》じ小学校《しょうがっこう》に通《かよ》っている。

PART 1

かたづけなんて したくない！

部屋《へや》がきたなくて、友《とも》だちと絶交《ぜっこう》!?

ピンポーン
ちーっす!遊《あそ》びに来《き》たぜ!
らぴす
るりとはおさななじみ
あっ、いらっしゃい!
るり
らぴすの家《いえ》のおとなりさん
あれ?いつもとちがって部屋《へ》《や》がきれいだな。
キラリーーン
まあね~。わたし、ホントはきれい好《ず》きだし!
実《じつ》は、さっきかたづけたばっかりだけど…。
あぶね~
るりの部屋《へや》

そういえば、前《まえ》に貸《か》したマンガ、もう読《よ》んだ?
読《よ》んだよ~。ちょーおもしろかった!
んじゃ、返《かえ》して。新刊《しんかん》が出《で》る前《まえ》に、もっかい読《よ》みたいんだ。
オッケーー!
えっと、たしかクローゼットの中《なか》にあるはず…。
ギイ…
どっちゃあああ~~!!
うわっ!!!!
あちゃ~
なだれ!?~
秋・冬用
春・夏用
ごっちゃ~…
ええっ、何《なに》これ!?
あははは~…つめこんだの、わすれてた~。
人《じん》的《てき》災《さい》害《がい》だ!!

あっ!!
ボロ〜ン
ドラララ
らぴすが貸《か》したマンガ
表紙《ひょうし》がボロボロ!!
もう、るりには絶対《ぜったい》に貸《か》さないからなっ。
ひでーっ
ごめん、ごめん。
もう〜!
この部屋《へや》もぐちゃぐちゃだし、オレの部屋《へや》に行《い》こうぜ。
さんせ〜!
ほら、オレの部屋《へや》のほうが数倍《すうばい》ましだろ?
ジャーン
って、言《い》うほどわたしと変《か》わらないじゃん…。
らぴすの部屋《へや》
ちっちっちっ
まあ見《み》てろって…
すみによせちゃえば、あっという間《ま》にかたづくぜ!
ズズズ…
はいはい…。

がががが
シュピーン
くらえっ、必殺《ひっさつ》トルネード!!
ドーン
わっ
ポキッ
しっぽ
ポッキリ…
んっ？何《なに》かふんだ
あーっ…、オレが図工《ずこう》で作《つく》ったやつ！
何《なに》こわしてるんだよー。マンガもやぶるし、全部《ぜんぶ》るりのせいだぞ!!
ええっ!? ヘビは、らぴすがかたづけてないからでしょ。
しかもわたしぶつかられたし！
何《なん》だとー!!
何《なに》よー!!
るり らぴすとは、
もう絶交《ぜっこう》っっ!!
フン!!

どうしてかたづけなきゃいけないの?

翌朝《よくあさ》
チチチ…
何《なん》でうちにいるのよ?
昨日《きのう》絶交《ぜっこう》したでしょ!
ドッ
ん?
ザーッッ
人《ひと》の菓子《かし》食《く》うな!!
これ、うちのポストに入《はい》ってたぞ。
どよ〜〜ん
10じにうちまできてね! るり
知《し》らないよ。こんなに字《じ》ヘタじゃないし!
食うな!!
ポリポリ
フフフ…
それを書《か》いたのは、ほかでもない…。
ん?
スペシャルキュートなキャロリーヌ様《さま》と、
めし使《つか》いの、ミスターヘヴィさ!
ホホホ…
ジャン
Mr.《ミスター》ヘヴィ
キャロリーヌ
え…ダレ??
ハテ…
キーッッ
あなたたちが図工《ずこう》の時間《じかん》に作《つく》った紙《かみ》ねんどの作品《さくひん》よ!!

たしかに作《つく》ったけど…、こんなにきたなかったっけ？
えっ、お前《まえ》めし使《つか》いになっちゃったの!?
？
失礼《しつれい》しちゃうわねっ。ヘヴィ、ふいてちょうだい！
パチン!!
ハイッ！
フキフキ
ムッ
キラリ〜ン
どう??
ゼエゼエ
こき使《つか》われてる…
ふくだけで、きれいになって見《み》ちがえたでしょ？ わたしたちは、かたづけを教《おし》えるためにやってきたのよ。
フフン
かたづけぇ???
ついでにしっぽも直《なお》したよ!
え〜
別《べつ》にオレ、困《こま》ってないしな〜。
ほじほじ
そうそう！
かたづけなんてやればできるし。
とかいって、かたづけができない子《こ》が多《おお》いようです！
調査《ちょうさ》メモ

かたづけのイメージ　ワースト5

第《だい》1位《い》	キライ！
第《だい》2位《い》	苦手《にがて》！
第《だい》3位《い》	めんどう！
第《だい》4位《い》	しかられるからイヤだ！
第《だい》5位《い》	かたづけ方《かた》がわからない！

- 部屋《へや》がきれいになるから好《す》き
- ならべて整《とと》えるのが楽《たの》しい
- 気分《きぶん》がスッキリしていい

こんな「好《す》き」の意見《いけん》もあるのよ。
え～!!
ウウ…
ステッキが代わり

1位《い》から5位《い》まで、全部《ぜんぶ》わかる〜。
やは〜っ
ププッ
てか、かたづけが好《す》きなやつなんているんだな。よくわかんねーなー。
どうしてそんなにきらいなの?
だって、どうせすぐにちらかるし。
やるイミなくね?
そうそう!
ママもかたづけはキライって言《い》ってたし〜。
ガーーン
はっきり言《い》って、
かたづけは、時間《じかん》のむだ!!
プスス
そっ、そんな〜。
へヴィ
おだまりー!
あんたたち、ほ〜〜〜んとそんしてるわよ!
えっ?
どーゆーこと??
かたづけにかける時間《じかん》より、もっとむだにしているものがあるってこと!!

かたづけをしないといろんなモノがむだになる

❶ 時間《じかん》

どこだあああ
うおおおプリント

どれも大切《たいせつ》なモノばかりよ。
ホホホ…
アーレー

さがしモノの時間《じかん》は、かたづいていれば必要《ひつよう》のない時間《じかん》だよ。

❷ 場所《ばしょ》

おもちゃ
せまい…
……

自分《じぶん》の場所《ばしょ》が、使《つか》っていないモノにうばわれているよ。

❸ お金《かね》

ガーン!!
同《おな》じの買《か》ってる〜!!!

持《も》っているのに同《おな》じモノを買《か》ってしまうなんて、お金《かね》のむだだね。

時間《じかん》も、場所《ばしょ》も、お金《かね》も、
え〜!!
全部《ぜんぶ》がむだになってたってこと!?
くそ〜!!
そんな、もったいないことしてたのかー。
うおおおお
そうさ、気《き》づいてくれてよかったよ。
まあ、かたづけのことをちゃんと教《おそ》わってないんだからしょうがないわよ。
そのとおり! だから本当《ほんとう》のかたづけを知《し》ってほしいのさ!
ビシッ!
本当《ほんとう》の? かたづけ?
そうよ、教《おし》えて差《さ》し上《あ》げるわよ。それじゃ、ヘヴィ、いくわよ!
ガッテンしょーちデス!!
へんし〜ん!

“本《ほん》当《とう》のかたづけ”ってどんなこと？

ほこりやごみを取《と》りのぞいて、部屋《へや》を清潔《せいけつ》にする

使《つか》ったモノを元《もと》の場所《ばしょ》にもどして、見《み》た目《め》を整《ととの》える

整理《せいり》で選《えら》び取《と》った必要《ひつよう》なモノの置《お》き場所《ばしょ》を決《き》めて、出《だ》し入《い》れがしやすいようにしまう

自分《じぶん》がもっているモノを1つずつ見直《みなお》して、不要《ふよう》なモノを取《と》りのぞき、必要《ひつよう》なモノを選《えら》ぶ

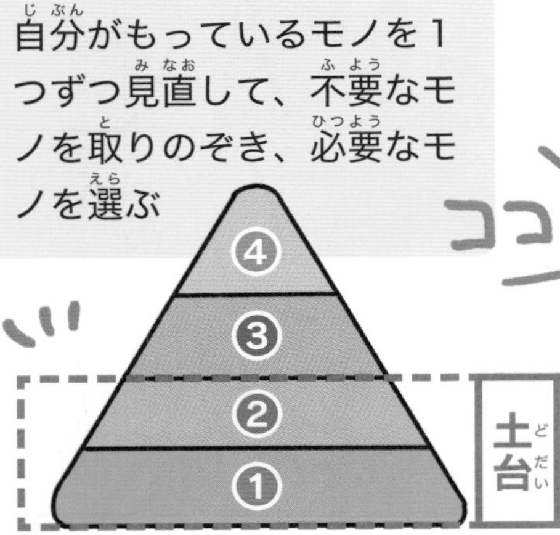
④
③
②
①
土台《どだい》

順番《じゅんばん》が決《き》まってるの？
ええっ？整理《せいり》と収納《しゅうのう》？
①整理《せいり》と②収納《しゅうのう》をちゃんとしているかしら？この2つの土台《どだい》がなければ、かたづけはうまくいかないのよ！
ココ！
へ〜！

まずは①②の土台《どだい》ができてから！

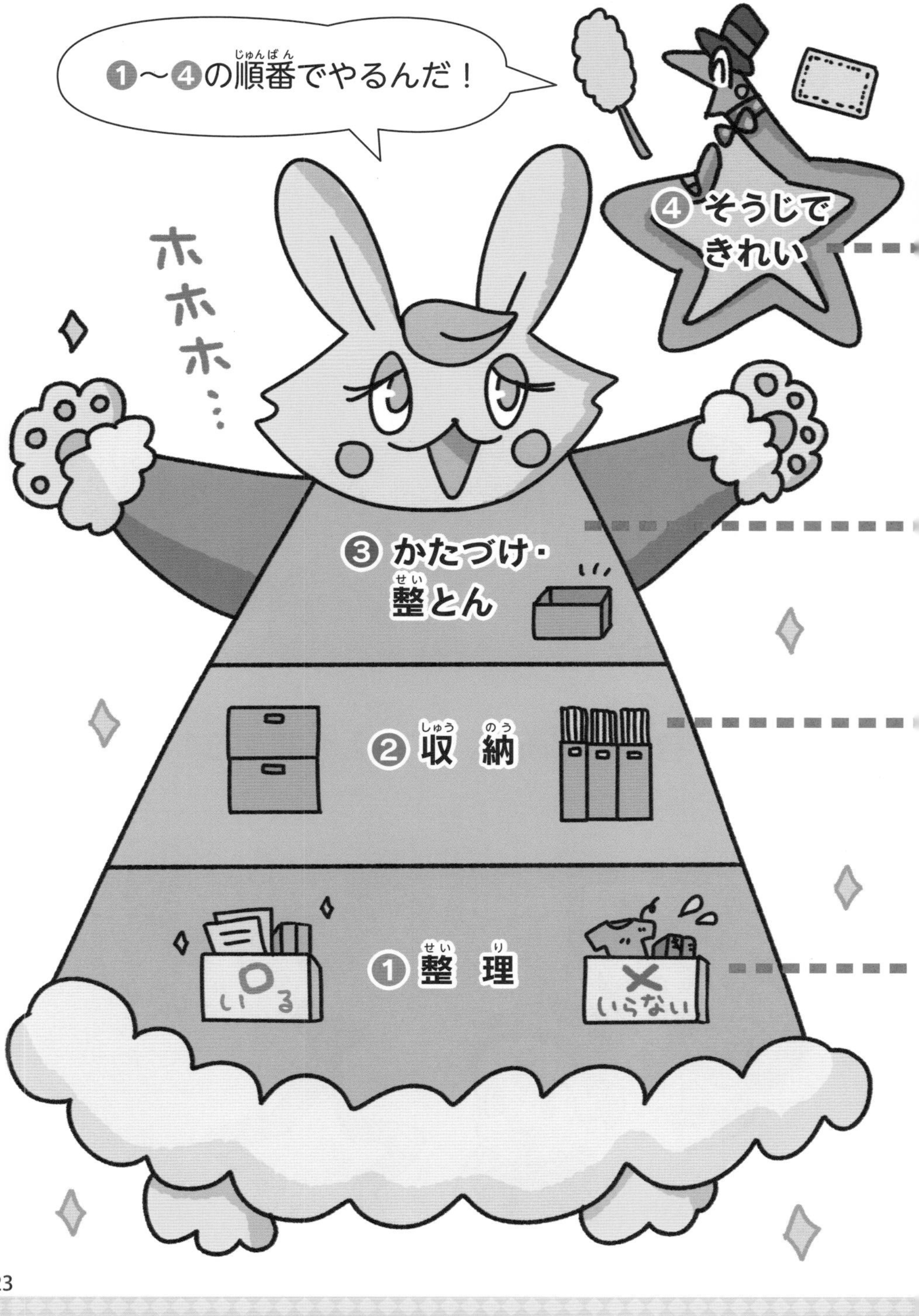
❶～❹の順番《じゅんばん》でやるんだ！
ホホホ…
④ そうじできれい
③ かたづけ・整《せい》とん
② 収《しゅう》納《のう》
① 整《せい》理《り》
いる
いらない

“本当《ほんとう》のかたづけ”ができると、いいことだらけ！

時間《じかん》を自分《じぶん》のために使《つか》える！

わー、遊《あそ》ぶ時間《じかん》がふえるね！
1日《にち》10分《ぷん》
1年《ねん》3650分《ぷん》!
さがしモノをしていた時間《じかん》を、遊《あそ》びや勉強《べんきょう》に使《つか》えるわ。もし、１日《にち》10分《ぷん》さがしものをしていたら、１週間《しゅうかん》で70分《ぷん》、１年《ねん》で３６５０分《ぷん》よ！

自分《じぶん》の場所《ばしょ》を、有効活用《ゆうこうかつよう》できる！

むだなモノがなくなるから、その分《ぶん》、自分《じぶん》の大切《たいせつ》なモノをかざったり、部屋《へや》をスッキリさせたりできるのさ。
そうだよなあ。
カッコいい〜
いいかも!

自分《じぶん》のモノやお金《かね》を大切《たいせつ》にできる！

モノをなくしたり、同《おな》じモノがあるのにまちがって買《か》ってしまったりすることがなくなるよ。
おこづかいで買《か》ったばかりのレインボーペン、なくしたときはつらかったなあ。
どこ…
ない…
ゴミの山《やま》
まだ見《み》つからない！

部屋《へや》で気持《きも》ちよくすごせる！

のんびりリラックスできるし、勉強《べんきょう》に集中《しゅうちゅう》できる！それに、友《とも》だちがいつ来《き》てもはずかしくないわ。
ホホホ…
クローゼットの中《なか》ももちろんきれいに！
それいい！
誰《だれ》…？

きみのかたづけ方《かた》は、どのタイプ？

かたづけに興味《きょうみ》が出《で》てきたかも！
わたしも、やる気《き》になってきたよー。
やった〜!!
そうこなくっちゃ！
いろんなモノがむだになるのって、もったいないもんな。
本当《ほんとう》のかたづけって、何《なに》からするんだっけ。
まってました！
よくぞ、聞《き》いてくれたわね♡
ズバリ！
最初《さいしょ》にするのは、整理《せいり》よ！
コレ！
③ かたづけ・整《せい》とん
② 収《しゅう》納《のう》
① 整《せい》理《り》

整理《せいり》から始《はじ》めるんだね。
ふ〜〜ん
そうよ。でも、まず大事《だいじ》なことがあるわ。
ヘヴィ!
ハイッ
ジャーーーン!!
自分《じぶん》を知《し》る!
ぜェぜェ
うーん、どういうこと?
自分《じぶん》が今《いま》、どんなかたづけ方《かた》をしているかを知《し》るっていうことよ。
モノのあつかい方《かた》や部屋《へや》の状態《じょうたい》は、人《ひと》によってちがうよね。
人《ひと》それぞれ、自分《じぶん》に合《あ》うかたづけ方《かた》があるってことなのさ。
ということは…。
ムムム…
自分《じぶん》のちらかし方《かた》がわかれば、自分《じぶん》に合《あ》ったかたづけ方《かた》もわかるっていうこと!?
そうよ!
6ページで診断《しんだん》した、自分《じぶん》のかたづけタイプも思《おも》い出《だ》してみてね。

タイプA《エー》　モノをとりあえずどこかに置《お》いちゃう

チェックポイント

- ✔ つくえの上《うえ》に、たくさんのモノが積《つ》み上《あ》がっている。
- ✔ 手《て》のとどくところに置《お》いておくのが、いちばんラクだと思《おも》う。

とりあえず
ココに
置《お》くか！
ドラララ①
辞典
辞典

このタイプのとくちょう

つくえの上《うえ》にはいろいろなモノが置《お》かれていて、勉強《べんきょう》するためのスペースがないことが多《おお》いようです。自分《じぶん》のつくえに置《お》くだけならまだしも、みんなが使《つか》う場所《ばしょ》にも置《お》いてしまうので、家族《かぞく》はこまっているのではないでしょうか。「自分《じぶん》の部屋《へや》に持《も》っていきなさい」とよく言《い》われるようなら要注意《ようちゅうい》です。

口《くち》グセ

「とりあえずここに置《お》いておこう」
「後《あと》でかたづける（つもり）」

アドバイス

それぞれのモノの置《お》き場所《ばしょ》を決《き》めてしまいましょう。積《つ》み上《あ》げたモノがくずれてくる前《まえ》に！

タイプB《ビー》　もったいないからモノを捨《す》てたくない

チェックポイント

- ✔ 思《おも》い出《で》のモノが、部屋《へや》にどんどんふえてきている。
- ✔ 使《つか》っていないモノでも、いつか使《つか》うかもしれないと思《おも》っている。

昔《むかし》のおみやげ!
20th
なつかし〜
リボンやお店《みせ》のふくろ!
いつか使《つか》うのよ…
いつか使《つか》う!
母《はは》
もったいない!
ようち園《えん》のときの服《ふく》!

このタイプのとくちょう

部屋《へや》にモノがあふれていることが多《おお》いようです。使《つか》っていなくても、「もったいない」「いつか役立《やくだ》つかも」と考《かんが》えると捨《す》てられなくなります。特《とく》に思《おも》い出《で》のモノは絶対《ぜったい》に捨《す》てたくありません。でも、きちんとかたづけないので「本当《ほんとう》に大切《たいせつ》にしているのかな？」と思《おも》われてしまうモノもたくさんあるようです。

口《くち》グセ

「いつか使《つか》うかも」
「それはゴミじゃないの」

アドバイス

本当《ほんとう》に大切《たいせつ》なモノを取《と》っておくなら、モノが多《おお》くてもかまいません。でも、スペースには限《かぎ》りがあります。部屋《へや》にモノがあふれているなら、必要《ひつよう》かどうかを見《み》きわめることが大事《だいじ》です。

タイプC《シー》 何《なん》でも出《だ》しっぱなし、使《つか》いっぱなし

チェックポイント

- ✔ 自分《じぶん》のモノが、家《いえ》のあちこちに散《ち》らばっている。
- ✔ モノをなくして、家《いえ》の中《なか》をさがし回《まわ》ることが多《おお》い。

ポイ
アハハ…
ポーイ
あそ〜れ
ノート
ポイ

このタイプのとくちょう

使《つか》ったモノを「出《だ》しっぱなし、使《つか》いっぱなし」にすることが多《おお》いようです。どこに置《お》いたかわからなくなって家中《いえじゅう》をさがし回《まわ》るのですが、「モノがなくなるのは出《だ》しっぱなしのせいだ」ということに気《き》づいていないのかもしれません。また、人《ひと》のせいにしがちなのもこまったところです。

口《くち》グセ

「どこ置《お》いたっけ？」
「お母《かあ》さん、アレ、どこにやった？」

アドバイス

かたづけで大事《だいじ》な、「使《つか》ったら元《もと》の場所《ばしょ》にもどす」ことを実行《じっこう》しましょう。

タイプD《ディー》　モノをつめこんでかくしちゃう

チェックポイント

- ✔ 引《ひ》き出《だ》しの中《なか》がいっぱいで、スムーズに開《あ》けられない。
- ✔ 見《み》た目《め》がかたづいていれば、収納《しゅうのう》ボックスはぐちゃぐちゃでも平気《へいき》。

ごっちゃー…
ノート
メモ
国語辞典
とりあえず
引《ひ》き出《だ》しに
入《い》れとこう…

このタイプのとくちょう

モノを引《ひ》き出《だ》しの中《なか》などにとりあえずつめこむことを、かたづけだと思《おも》っているようです。まるで、モノをかくしているみたいですね。でも、引《ひ》き出《だ》しの中《なか》はつねにぎゅうぎゅう、ぐちゃぐちゃ！　これで、どこに何《なに》を入《い》れたか覚《おぼ》えていられるのでしょうか。心配《しんぱい》です。

口《くち》グセ

「とりあえず引《ひ》き出《だ》しに入《い》れちゃおう」
「あれ？　新《あたら》しい消《け》しゴムが２個《こ》も出《で》てきた！」

アドバイス

“本当《ほんとう》のかたづけ”に挑戦《ちょうせん》しましょう。かくしているだけでは、いつまでたってもむだはなくなりませんよ。

かたづけをするのは、自分《じぶん》のため!

変身《へんしん》おわり!
ひとまず、大事《だいじ》なことは以上《いじょう》よ!
でも、正直《しょうじき》に言《い》うと…かたづけってやり始《はじ》めがめんどうなのよね。
やっぱり!
そうなんだよな~。
でもね!
かたづけの先《さき》には、自分《じぶん》をワクワクさせてくれるものが待《ま》っているんだよ。
たとえば、部屋《へや》がきれいになったら何《なに》をしたい?
はい!
わたしは、友《とも》だちを招待《しょうたい》して遊《あそ》びたい~。
オレは、つくえでプラモを作《つく》ってかざりたいな~。

いいねえ！
そんな感《かん》じで、かたづけの先《さき》にあるものを思《おも》いうかべてほしいのさ！
そうそう！
いいことがたくさんあると思《おも》えば、やる気《き》も出《で》てくるんじゃないかしら。
かたづけは、人《ひと》のためじゃなくて、
自分《じぶん》のためにするものなのさ。
ねっキャロ様《さま》！
そっか〜。それなら、やらなきゃそんだな！
自《じ》分《ぶん》のためか〜！
わたしも！
がんばれそうな気《き》がしてきたよ。
やったー！
じゃあ、ふたりには特別《とくべつ》に…。
キラ〜〜ン
パート3でしょうかいするよ！
やり始《はじ》めのめんどうな気持《きも》ちをやっつける方法《ほうほう》も伝授《でんじゅ》するわ。
やり〜！

るりの家《いえ》
ママ、わたし、部屋《へや》をかたづけることにしたから！
何度《なんど》言《い》ってもやらなかったのに、急《きゅう》にどうしたの？
クラスの友《とも》だちをよんで遊《あそ》びたいの。
いいわね〜！
でも、ママはかたづけ苦手《にがて》だからアドバイスできないかも…。
大《だい》丈《じょう》夫《ぶ》！
キャロちゃんたちがいるから!!
え？
キャロちゃん？
なんでもな〜い
フフフ…
明日《あした》からビシバシいくわよ…。
まかしとき！

らぴすの家《いえ》
ヘヴィ、今日《きょう》、変身《へんしん》してたよな。人《ひと》にも変身《へんしん》できるのか？
もちろんさ。
じゃあ、うちの父《とう》ちゃんになってみて。
ボン！
おまかせあれ！
ジャーン
らぴす、早《はや》くかたづけろよ！
ヤバい、そっくりー!!
ぎゃははは！
ボン！
どっちがかたづけがうまくなるか、競争《きょうそう》だからね！
うわっ、今度《こんど》はるりだ。
似てる〜！
おー！
よーし、おれもがんばるぞ!!
さっきから、らぴすはだれとしゃべっとるんかのう？
らぴおのおじいちゃんとおばあちゃん

コラム 1

空《あ》き箱《ばこ》で収納《しゅうのう》ボックスを作《つく》ろう！

ゴミにしないで再利用《さいりよう》できるのよ。

ボックスティッシュの箱《はこ》

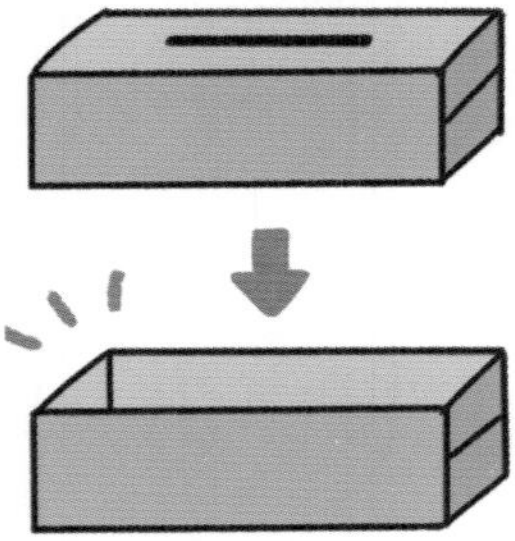

上《うえ》の面《めん》を切《き》り取《と》れば、洋服《ようふく》の仕《し》切《き》りケースに使《つか》える。

(➡138ページ)

おかしの箱《はこ》

サイズや形《かたち》がいろいろあるから、収納《しゅうのう》するモノに合《あ》うものが見《み》つかりやすい。

いくつか組《く》み合《あ》わせれば、引《ひ》き出《だ》しの仕《し》切《き》りケースになる。

(➡110・114ページ)

牛乳《ぎゅうにゅう》パック

MILK

しっかり洗《あら》ってよくかわかしてから使《つか》う。においが残《のこ》っていないかもチェックしよう。

好《す》きな高《たか》さでカットして、えんぴつ立《た》てなどにできる。

空《あ》き箱《ばこ》の再利用《さいりよう》でこんないいこと♪

- 紙《かみ》だから、使《つか》わなくなったときの処分《しょぶん》がラク！
- 市販《しはん》の収納《しゅうのう》ボックスを買《か》う前《まえ》に大《おお》きさなどをチェックできるから、むだなモノを買《か》わないですむ！

おトク!

⚠けがをしないように、カッターやはさみの刃《は》に注意《ちゅうい》しましょう。

PART 2

かたづけの基本《きほん》を知《し》ろう！

どうして部《へ》屋《や》がちらかるの？

かたづかない原因《げんいん》は、実《じつ》は、はっきりしているわ。どれかに心《こころ》当《あ》たりがあるんじゃない？
本当《ほんとう》のかたづけをすれば、3つの原因《げんいん》をやっつけることができるのさ！

モノが多《おお》すぎる！

→ タイプB《ビー》の人《ひと》は要《よう》注《ちゅう》意《い》

ステップ1 整《せい》理《り》 で

「モノが多《おお》すぎる」をやっつけよう！

オレ、モノが多《おお》いのかなあ？

さあ、“本当《ほんとう》のかたづけ”について、もっとくわしく説明《せつめい》していくわよ！

ステップ④ そうじ で「**きれい**」を続《つづ》けよう！

モノの置《お》き場所《ばしょ》が決《き》まっていない！

➡ タイプA《エー》 タイプD《ディー》 の人《ひと》は要注意《ようちゅうい》

使《つか》ったモノをもどさない

➡ タイプC《シー》 の人《ひと》は要注意《ようちゅうい》

ステップ② 収納《しゅうのう》 で「**モノの置《お》き場所《ばしょ》が決《き》まっていない**」をやっつけよう！

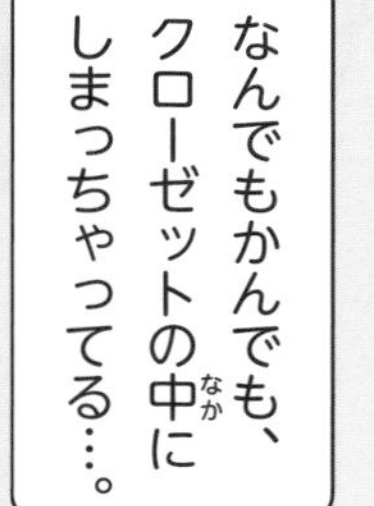
なんでもかんでも、クローゼットの中《なか》にしまっちゃってる…。

ステップ③ かたづけ・整《せい》とん で「**使《つか》ったモノをもどさない**」をやっつけよう！

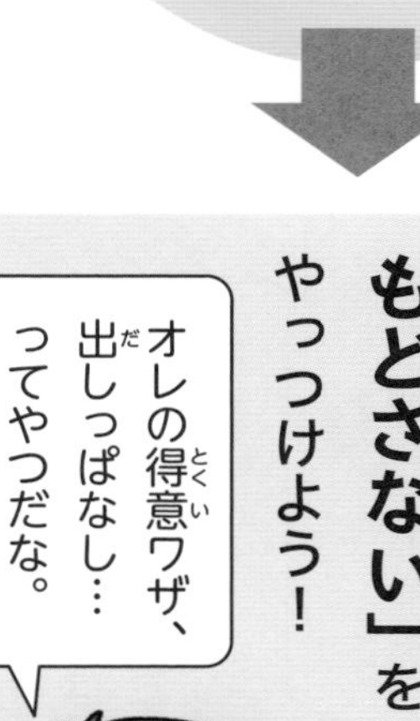
オレの得意《とくい》ワザ、出《だ》しっぱなし…ってやつだな。

“モノが多《おお》すぎる”をやっつけよう

どっちがかたづいているか、わかるよね？
ピシッ!
おどうぐばこ
おどうぐばこ

きちんとしまえている。モノの数《かず》とモノを置《お》く場所《ばしょ》のバランスがちょうどいいので、ちらかりにくい。

モノがあふれて、ぐしゃぐしゃになっている。モノの数《かず》に対《たい》してモノを置《お》く場所《ばしょ》がせますぎるので、ちらかりやすい。

キレイ!!
モノの数《かず》が多《おお》いのは、ちらかりやすくなる原因《げんいん》の一《ひっ》つでもあるのよ。
場所《ばしょ》には限《かぎ》りがあるから、その場所《ばしょ》にだいたいどれくらいのモノがしまえるかを、予想《よそう》できるようになるといいわね。

整理《せいり》ってどんなことをするの？

自分《じぶん》が持《も》っているモノを１つずつ見直《みなお》して、不要《ふよう》なモノを取《と》りのぞき、必要《ひつよう》なモノを選《えら》ぶ。

整理《せいり》の心得《こころえ》

- 本当《ほんとう》のかたづけで、最初《さいしょ》に行《おこな》う、いちばん大事《だいじ》な作業《さぎょう》。
- 整理《せいり》は、モノをなんでもかんでも捨《す》てることではない。
- 一度《いちど》しっかり整理《せいり》をしたら、あとは学期《がっき》や学年《がくねん》が変《か》わるとき、またはモノがふえてきたときに見直《みなお》す。

ここが、いきなりのがんばりどころだよ。
毎日《まいにち》じゃなくてもいいんだ！

(1) 必要《ひつよう》なモノ・不要《ふよう》なモノに分《わ》ける

キャロちゃ〜ん…。何《なに》から始《はじ》めたらいい？
ごっちゃ〜〜〜
圧巻《あっかん》ですな…
そうね、身《み》の回《まわ》りのモノから整理《せいり》しましょうか。
まずは、モノを同《おな》じ仲間《なかま》ごとに分《わ》けていくの。
いる
いらない
そこから、必要《ひつよう》なモノか不要《ふよう》なモノかを判断《はんだん》していきましょ。
スト〜〜ップ！
写真《しゃしん》や手紙《てがみ》は、見入《みい》っちゃうから最後《さいご》にするのよ！
なっかし〜！
聞《き》きな！
こんなふうに仲間分《なかまわ》けしてみてね。
文房具《ぶんぼうぐ》
しゅみや遊《あそ》び道具《どうぐ》
学校《がっこう》のモノ
国語
ノート
本《ほん》や雑誌《ざっし》
マンガ
ずかん
洋服《ようふく》
思《おも》い出《で》のモノや自分《じぶん》の作品《さくひん》

必要《ひつよう》なモノを見《み》きわめるポイントはこれ！

使《つか》っているモノかどうか

必要《ひつよう》！

- よく使《つか》うモノ
- 時々《ときどき》使《つか》うモノ
- 1年《ねん》で1回以上《かいいじょう》は使《つか》うモノ
- ないとこまるモノ

不要《ふよう》！

- 使《つか》っていないモノ
- いつ使《つか》うかわからないモノ
- 使《つか》えないモノ
- なくてもこまらないモノ

大切《たいせつ》なものかどうか

必要《ひつよう》！

- 好《す》きなモノ
- 思《おも》い入《い》れのあるモノ

不要《ふよう》！

- 気《き》に入《い》っていないモノ
- 特《とく》に思《おも》い入《い》れのないモノ

まようときは、段《だん》ボール箱《ばこ》を一《ひと》つ準備《じゅんび》して、その中《なか》に入《い》れるといいよ。

「まよい箱《ばこ》」っていうのよ。
くわしくは45ページで！

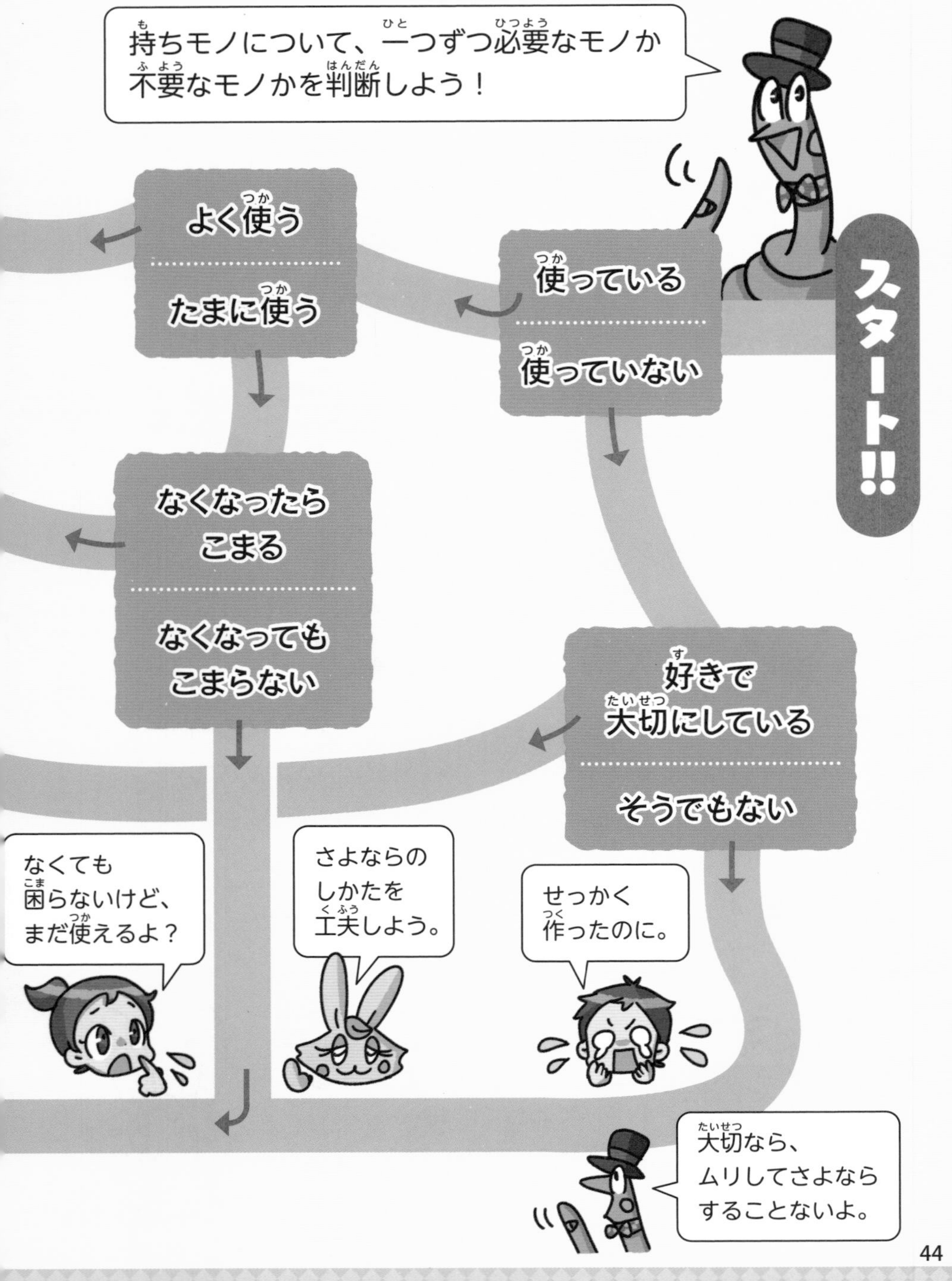
持《も》ちモノについて、一《ひと》つずつ必要《ひつよう》なモノか不要《ふよう》なモノかを判断《はんだん》しよう！
スタート!!
使《つか》っている
使《つか》っていない
よく使《つか》う
たまに使《つか》う
なくなったらこまる
なくなってもこまらない
好《す》きで大切《たいせつ》にしている
そうでもない
なくても困《こま》らないけど、まだ使《つか》えるよ？
さよならのしかたを工夫《くふう》しよう。
せっかく作《つく》ったのに。
大切《たいせつ》なら、ムリしてさよならすることないよ。

必要《ひつよう》・不要《ふよう》・まよい箱《ばこ》の3つの箱《はこ》を用意《ようい》するのよ。
まよい箱《ばこ》があると、保留《ほりゅう》にできて安心《あんしん》だな。
必要《ひつよう》なモノ!!
収納《しゅうのう》するよ!! 48ページへ
とちゅうでまよったら…
まよい箱《ばこ》
10月《がつ》3日《か》
箱《はこ》に入《い》れた日付《ひづけ》を書《か》いておき、3か月《げつ》たったら見直《みなお》そう。その間《あいだ》、使《つか》わなかったら不要《ふよう》なモノとしてさよならしよう。
使《つか》っていないけど、捨《す》てるのはもったいないな。
いつか使《つか》うかも。
不要《ふよう》なモノ!!
さよならするよ。46ページへ!!
使《つか》わないほうがもったいないよ。

⑵ 不要《ふよう》なモノを処分《しょぶん》する

ふうっ。オレ、がんばったぜ!
必要《ひつよう》なモノ
不要《ふよう》なモノ
まよい箱《ばこ》
んじゃ、コイツらはもうゴミ箱《ばこ》行《い》きだな。
ザ――ッ
かたづいた〜!
不要《ふよう》なモノ
ゴミ箱《ばこ》
ちょっと、らぴす! それ全部《ぜんぶ》捨《す》てちゃうの?
え〜?
だって不要《ふよう》なモノだよ。捨《す》てればいいじゃん。
?
フフフ…
その不要《ふよう》なモノが、実《じつ》は、お宝《たから》になったりもするのよ!
えっお宝《たから》!?
キャッ
…
4っ
不要《ふよう》なモノとのさよならの仕方《しかた》は4つあるよ!

不要《ふよう》なモノの処分《しょぶん》のしかた

❶ リサイクル

読《よ》まない本《ほん》や着《き》なくなった洋服《ようふく》は、資源《しげん》ゴミとしてリサイクルに出《だ》す。

リサイクル!

❷ ゆずる・寄付《きふ》

まだ使《つか》えるモノを、ほしい人《ひと》にゆずる。

やった〜!
もう読《よ》まないからやるよ!
マンガ

❸ 売《う》る

使《つか》えるモノを、リサイクルショップやバザー、フリーマーケットなどで売《う》る。

リサイクル受付《うけつけ》

❹ 捨《す》てる

こわれていて使《つか》えないモノやよごれがひどいモノは、ゴミとして出《だ》す。

可燃《かねん》ゴミ
不燃《ふねん》ゴミ

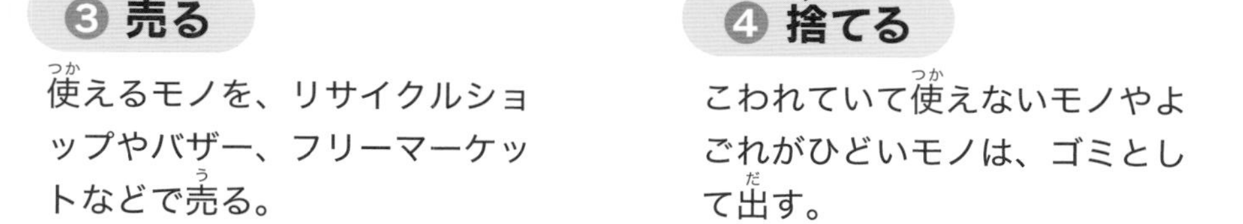
不要《ふよう》なものが売《う》れる!?
おうちの人《ひと》と相談《そうだん》してからやってね。
住《す》んでいる地《ち》いきのゴミの出《だ》し方《かた》を守《まも》るのよ。

《保護者のかたへ》お子さんと一緒に整理をしてあげてください。ゴミの処分は、お住まいの地域の分別ルールに従ってください。寄付などはインターネットで調べてみるとよいでしょう。

“置《お》き場所《ばしょ》が決《き》まっていない”をやっつけよう

お次《つぎ》は、どこにどうしまうかを考《かんが》えるのよ。これを収納《しゅうのう》というわ。
収納《しゅうのう》
ボ!!
③かたづけ・整《せい》とん
②収《しゅう》納《のう》
そうそう!
まずは、収納上手《しゅうのうじょうず》なコンビニを見《み》てみよう!
お店《みせ》のコンビニ?
たとえば、おにぎり!
それはね…
おにぎりは、どんなふうにならんでいるかな?
おにぎり
はい!
食品《しょくひん》コーナーにまとめて置《お》いてあるよ。
つなマヨラブ!
サンドイッチやお弁当《べんとう》も、種類《しゅるい》ごとにまとめてならべてあるよね。
おかし
お弁当《べんとう》
飲《の》みもの
これは、お客《きゃく》さんがさがしやすくするためなんだよ。
お～
だから、自分《じぶん》のモノも出《だ》し入《い》れのしやすさを考《かんが》えて収納《しゅうのう》すると、かたづけやすいのさ!
ほお～
なるほど～。

収納《しゅうのう》ってどんなことをするの？

整理《せいり》で選《えら》び取《と》った必要《ひつよう》なモノの置《お》き場所《ばしょ》を決《き》めて、出《だ》し入《い》れがしやすいようにしまう。

収納《しゅうのう》の心得《こころえ》

- 収納《しゅうのう》は、必《かなら》ず整理《せいり》のあとに行《おこな》う。
- 何度《なんど》かやり直《なお》しながら、自分《じぶん》の使《つか》いやすい収納方法《しゅうのうほうほう》を考《かんが》える。
- ゲーム感覚《かんかく》で楽《たの》しみながらやる。

整理《せいり》の前《まえ》に、収納《しゅうのう》はできないよ！
一度《いちど》でカンペキな収納《しゅうのう》にするのは、ほぼ不可能《ふかのう》！収納《しゅうのう》はトライ&《アンド》エラーだよ！
ピッタリ〜！
BOX
ヘヴィ

(1) モノをしまう場所《ばしょ》を決《き》める

どこにしまうのがいいのかな。

そのモノをよく使《つか》う場所《ばしょ》の近《ちか》くに置《お》くのがいちばんのおすすめよ。

整理《せいり》で選《えら》ばれしモノたち

勉強《べんきょう》に関係《かんけい》のあるもの
(学校《がっこう》のモノ・文房具《ぶんぼうぐ》・習《なら》い事《ごと》など)

どこで勉強《べんきょう》することが多《おお》い？

本《ほん》や雑誌《ざっし》など

どこで読《よ》むことが多《おお》い？

思《おも》い出《で》のモノ

どこにかざると気《き》持《も》ちがいい？それとも大切《たいせつ》にしまっておく？

洋服《ようふく》

どこで着《き》がえをしている？

おもちゃ・しゅみのモノ

どこで遊《あそ》ぶことが多《おお》い？

自分《じぶん》のモノは、自分《じぶん》で決《き》めた場所《ばしょ》にしまうのが基本《きほん》!!
ビシッ!
家《いえ》のあちこちにモノを置《お》きっぱなしにしちゃうと、自分《じぶん》だけじゃなくおうちの人《ひと》もこまるからね。
るりは、よくリビングにマンガを置《お》きっぱなしにしてるわよね。
ギクッ!
ソファーで読《よ》むのが好《す》きなんだもん〜。でも、リビングには本《ほん》だながないし〜。
スッ…
なかよす
それなら、本《ほん》だなの代《か》わりに2、3さつだけ、
リビングに置《お》く場所《ばしょ》を作《つく》るといいわよ。
なかよす 10月号
しこやお 10月号
いいかも!
オレは、リビングで着《き》がえるけど、衣装《いしょう》ケースは自分《じぶん》の部屋《へや》にあるんだよな。
またらぴすか〜!!
だから、いつもリビングにらぴすのパジャマが落《お》ちてるんだよね…。
父
トホホ…
↑らぴすのパジャマ
おうちの人《ひと》と相談《そうだん》して、こんなふうにやり方《かた》を変《か》えてみよう!
●自分《じぶん》の部屋《へや》で着《き》がえる
●衣装《いしょう》ケースをリビングにおく
えらいぞ〜!
こづかいアップだ!!
いいかも…
って聞《き》いてる??

(2) モノのしまい方《かた》を考《かんが》える

よく使《つか》うモノほど、
取《と》り出《だ》しやすい場所《ばしょ》にしまうんだよ！

引《ひ》き出《だ》しの中《なか》に文房具《ぶんぼうぐ》をしまうときは、よく使《つか》うえんぴつを手前《てまえ》に入《い》れると取《と》り出《だ》しやすいわね。

反対《はんたい》に、えんぴつをいちばん奥《おく》に入《い》れると、出《だ》し入《い》れがめんどうになるのよ。ちょっとしたちがいなんだけどね。

収納場所《しゅうのうばしょ》にしまうモノの量《りょう》は、だいたい7、8割《わり》くらいにするといいわ。
このくらい!
＝よゆうのスペース
のり
スペースによゆうを持《も》たせるのがポイントなのさ。
え〜〜
もっと入《はい》るのに?
「もう少《すこ》し入《はい》りそうだな」って思《おも》うくらいの量《りょう》がちょうどいいんだ。
中《なか》がぎゅうぎゅうだと、結局《けっきょく》使《つか》いづらくて、またモノがあふれちゃうでしょ?
奥《おく》でつっかかって開《ひら》かない!
プリント
ぎぎぎ…
たしかに…
スペースがあれば取《と》り出《だ》しやすいし、モノがふえてもすんなり入《はい》るよ。
カララ…
言《い》われてみれば!
スッキリ
よしっ!
スペースもできたし、今《いま》まで集《あつ》めたレインボーペンをしまおうっと。
パママ
いいね!

モノのしまい方《かた》は4種類《しゅるい》ある！

モノのしまい方《かた》には、こんな方法《ほうほう》があるのよ！
立《た》てる
ピーーン！
かける
よいしょ！
ねかせる
ZZZ…
重《かさ》ねる
ぼうし♪
♫
お〜
じゃあ、身近《みぢか》なモノで考《かんが》えてみよう。
はい！
えんぴつは…
えーと
はさみは…
えんぴつ立《た》てに
立《た》てる！
トレーに
ねかせる！

かけるは どうやるの？
かばんを フックにかける！
重《かさ》ねるも よくわからないなあ。
おうちで使《つか》う お皿《さら》は重《かさ》ねるのに ピッタリさ！
まずは、家《いえ》に あるものを使《つか》って 収納《しゅうのう》してみて。
えんぴつ収納《しゅうのう》に！
使《つか》わなく なった マグカップ
➡立《た》てる
おかしの空《あ》き箱《ばこ》
➡ねかせる
いいものがなければ、自分《じぶん》で 作《つく》ったり、100円《えん》ショップで 買《か》ったりするといいよ。
空《あ》きビンに シールを はる
収納《しゅうのう》の仕方《しかた》は、その人《ひと》しだい よ！
収納方法《しゅうのうほうほう》
➡パート4へ！
具体例《ぐたいれい》は、101ページから 始《はじ》まるよ！

Step ③ かたづけ・整《せい》とん

“使《つか》ったモノをもどさない”をやっつけよう

ウフフ…
整理《せいり》と収納《しゅうのう》のことはこれでわかったよね！
ごちゃ〜〜〜
って、言《い》ったそばから何《なん》なのさー!?
え?
るり
らぴす
あなたたち、本当《ほんとう》にやる気《き》あるの!?
シャーッ
またするって〜
ブクブク…
ゴゴゴゴ
これに、見覚《みおぼ》えはなかったかしら?
③ かたづけ・整《せい》とん
?
んー、何《なん》だっけ?
整理《せいり》と収納《しゅうのう》をしても、それだけじゃダメなの。使《つか》ったモノをかたづけなきゃ！
え!!
そうなの!?
ガーン!
そりゃそうでしょ。使《つか》いっぱなしにしないでかたづけないと〜。
まったく…
さすがるりちゃん!
いつやるの〜〜??
今です…
アワワ…

かたづけ・整《せい》とんってどんなことをするの？

使《つか》ったモノを元《もと》の場所《ばしょ》にもどして、見《み》た目《め》を整《ととの》える。

かたづけ・整《せい》とんの心得《こころえ》

- 1日《にち》1回《かい》、自分《じぶん》のタイミングで、使《つか》ったモノを元《もと》の場所《ばしょ》にもどす。
- 「出《だ》したらしまう」「開《あ》けたら閉《し》める」を合《あ》い言葉《ことば》にする。
- モノを収納《しゅうのう》しにくくなってきたら、整理《せいり》と収納《しゅうのう》を見直《みなお》す。

これを習慣《しゅうかん》にすると、
部屋《へや》がちらかりにくく
なるわ。
ホホホ…

整理《せいり》・収納《しゅうのう》の見直《みなお》しタイミングは？

つくえの上《うえ》にモノが積《つ》み重《かさ》なってきている！

ズーーン…
ポティト

引《ひ》き出《だ》しの開《あ》け閉《し》めがしにくい！

ぐぎぎ…
ごちゃあ…!!

モノがしまいにくい！

まだ入る!!
(ハズ)
ま…
キャ〜!
←まだある

ゆかにモノを直接置《ちょくせつお》いている！

……
とりあえずここへ…
にゃお
なかよす
ズ…

整理《せいり》や収納《しゅうのう》をしたはずなのに、こうなる理由《りゆう》は2つ！
よいしょ！
2つ！
なになに？

❶いつのまにか、モノがふえていて、しまいきれなくなっている。

❷出《だ》し入《い》れがしづらく、モノをしまうのがめんどうになっている。

整理《せいり》をしよう

学校《がっこう》で配《くば》られるプリント類《るい》や、買《か》い足《た》した文房具《ぶんぼうぐ》など、だんだんモノがふえるのは当《あ》たり前《まえ》のこと。だから、定期的《ていきてき》に見直《みなお》しをして、不要《ふよう》なモノを取《と》りのぞこう。

収納《しゅうのう》を見直《みなお》そう

使《つか》う場所《ばしょ》としまう場所《ばしょ》がはなれすぎていたり、出《だ》し入《い》れがしにくかったりすると、かたづけるのがめんどうになり出《だ》しっぱなしにしてしまうよ。収納場所《しゅうのうばしょ》や収納《しゅうのう》の仕方《しかた》を考《かんが》え直《なお》そう。

分身《ぶんしん》の術《じゅつ》!!
スゲー！
モノはいつのまにかふえちゃうよ〜！

めんどうなのはダメよ！

そうじで“きれい”を続《つづ》けよう

最後《さいご》の仕《し》上《あ》げ、
そうじは、
ボクの出番《でばん》さ！
パアアアアアア。。
毎日生活《まいにちせいかつ》をしていると、どうしてもゴミやほこりが出《で》るよね…。
そんなときにはどうしたらいいと思《おも》う？
動画《どうが》とろ〜
そういえば、あなたたち、自分《じぶん》の部屋《へや》のそうじって…していないわよね？
ギクッ…
動画《どうが》とってる場合《ばあい》じゃないのよ…
まずは、できることから始《はじ》めてみようよ！
ヘヴィー!!
あまいんだから…
そうじのタイミングは、
よごれに気《き》づいたそのときだからね！

そうじってどんなことするの？

ほこりやゴミをとりのぞいて、部屋《へや》を清潔《せいけつ》にする。

そうじの心得《こころえ》

- よく使《つか》う場所《ばしょ》は、よごれやすい。
- 自分《じぶん》の部屋《へや》のゴミは、自分《じぶん》で捨《す》てる。
- よごれに気《き》づいたら、〝ちょこっとそうじ〟できれいにする。

勉強《べんきょう》づくえの上《うえ》に、消《け》しゴムのかすが残《のこ》ってない？

ゴミ箱
家《いえ》の中《なか》のゴミをまとめているところへ、自分《じぶん》で持《も》っていくのよ。

ちょこっとそうじがきれいを続《つづ》けるひけつ！

おすすめのそうじグッズ

“ちょこっとそうじ”をしよう

はたき

ほこりを取《と》る。置《お》いてあるモノをたおさないように注意《ちゅうい》。

高《たか》いところから低《ひく》いところへかけるんだよ。

コロコロ（粘着《ねんちゃく》カーペットクリーナー）

カーペットのほこりや、かみの毛《け》などを取《と》る。

ミニほうき・ちりとりセット

つくえの上《うえ》をきれいにできる。消《け》しゴムのかすなどが取《と》りやすい。

うお〜〜
スゲー
たまってる!
だね!

ふきん

つくえの上《うえ》やデスクライト、本《ほん》だななどをふく。

キレイ!

“がっつりそうじ”をしよう

そうじき

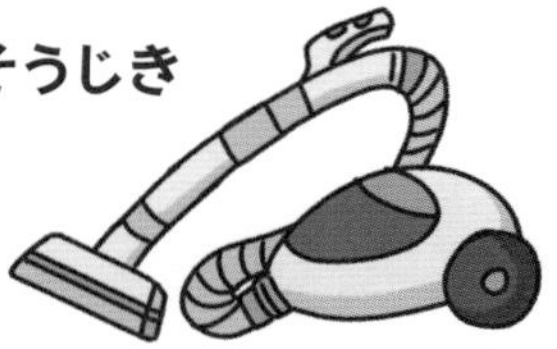

床《ゆか》やたたみをきれいにするのに向《む》いている。

ほうき・ちりとり

フロアモップ

床《ゆか》のほこりを取《と》ったり、よごれをふき取《と》ったりする。

ちょこっとそうじができるようになったら、自分《じぶん》の部屋《へや》のがっつりそうじにも挑戦《ちょうせん》よ！

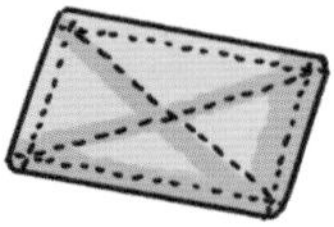

ぞうきん

水《みず》でぬらして、かたくしぼってから使《つか》う。

がっつりそうじの順序《じゅんじょ》

❶ 窓《まど》を開《あ》けて、空気《くうき》を入《い》れかえる。
❷ はたきでほこりを取《と》る。
❸ 部屋《へや》の奥《おく》から手前《てまえ》へそうじきをかける。またはほうきではく。
❹ つくえをコの字《じ》（➡152ページ）でふく。
❺ 床《ゆか》をふく。

ほこりは上《うえ》から下《した》に落《お》ちるから、下《した》を最後《さいご》にきれいにするのよ。

合理的《ごうりてき》だね！

“本当《ほんとう》のかたづけ”を続《つづ》けるコツは？

わたし、かたづけを してると何《なん》か あせっちゃうんだよね～。
どこにしまうかをまよって イライラすることもあるし…。
う～～～む…
早《はや》く終《お》わらせて、遊《あそ》びに行《い》きたい からじゃない？
オレは、イライラは しないけど、とちゅう であきちゃうぜ。
だから、いつまでたっても 部屋《へや》がぐちゃぐちゃな ままなんだよな～。
あはは～
ムムム…
キャロ様《さま》、どうしましょうか？
そうねえ。
なれないうちは、そんなことも あるわよ。
初《はじ》めてのことって、大変《たいへん》なのよね。
わたくしから、こんな言葉《ことば》をおくります わ！

整理収納《せいりしゅうのう》あいうえお

必要《ひつよう》？不要《ふよう》？
う〜〜ん

あせらないでいいよ

かける？
重《かさ》ねる？
立《た》てる？
ねかせる？

いそがないでいいよ

ママはいらないって言《い》ったけど、わたしはすき！

うそをつかないで、自分《じぶん》の気《き》持《も》ちに正直《しょうじき》に

レインボーペン！

えらびとるのは、本当《ほんとう》に必要《ひつよう》なモノ

理想《りそう》の部屋《へや》

おもいっきりかたづけを楽《たの》しもう！

自分《じぶん》のペースでいいのよ！

どんな部屋《へや》にしたいか想像《そうぞう》しながらかたづけると、やる気《き》アップにつながるよ！
収納《しゅうのう》の仕方《しかた》で、印象《いんしょう》はがらっと変《か》わるからね。
こんなふうにイメージしてみよう。
見《み》た目《め》をスッキリさせる！
好《す》きなものをかざる！
ボンさま～
Bon
えっと…わたしは、かわいい部屋《へや》にしたいな。
オレは、好《す》きなものを部屋中《へやじゅう》にかざりたいぜ！
あら！
かわいいって、わたくしのことよね？いちばん目立《めだ》つところにかざってくれるかしら。
ぼくもー。もう、床《ゆか》に転《ころ》がさないでよ！
もちろん!!
よかった～!!

突撃《とつげき》！インタビュー

スーパーマーケットの整《せい》理《り》整《せい》とんを教《おし》えてください！

この前《まえ》、おつかいで
スーパーにタイムを
買《か》いに
行《い》ったの。
ママ、料理《りょうり》はトクイなの！
タイム～？
時間《じかん》は
スーパーじゃ
買《か》えないぜ！
？
タイムは、
ハーブの一種《いっしゅ》よ！
タイム
あっ、
そうなんだ。
そしたらね、
スーパーも「かける」
収納《しゅうのう》をしてたんだよ！
ハーブ各種
ホントだ～!!
キャロちゃん、
お店《みせ》は「本当《ほんとう》のかたづけ」を
してるのかな？
ふふふ
かたづけにかなーり
興味《きょうみ》がわいてきた
みたいね。
キャロ様《さま》、ふたりに
あの方《かた》をご紹介《しょうかい》しては
どうでしょう？
あら、
いいわね。
あの方《かた》？
あなたたち、いい機会《きかい》よ。
取材《しゅざい》して、かたづけのヒントを
たっぷり教《おそ》わってきなさい！
取材《しゅざい》♫～
え～!?
うまく
できるかな!?

どんなふうにならんでいる？

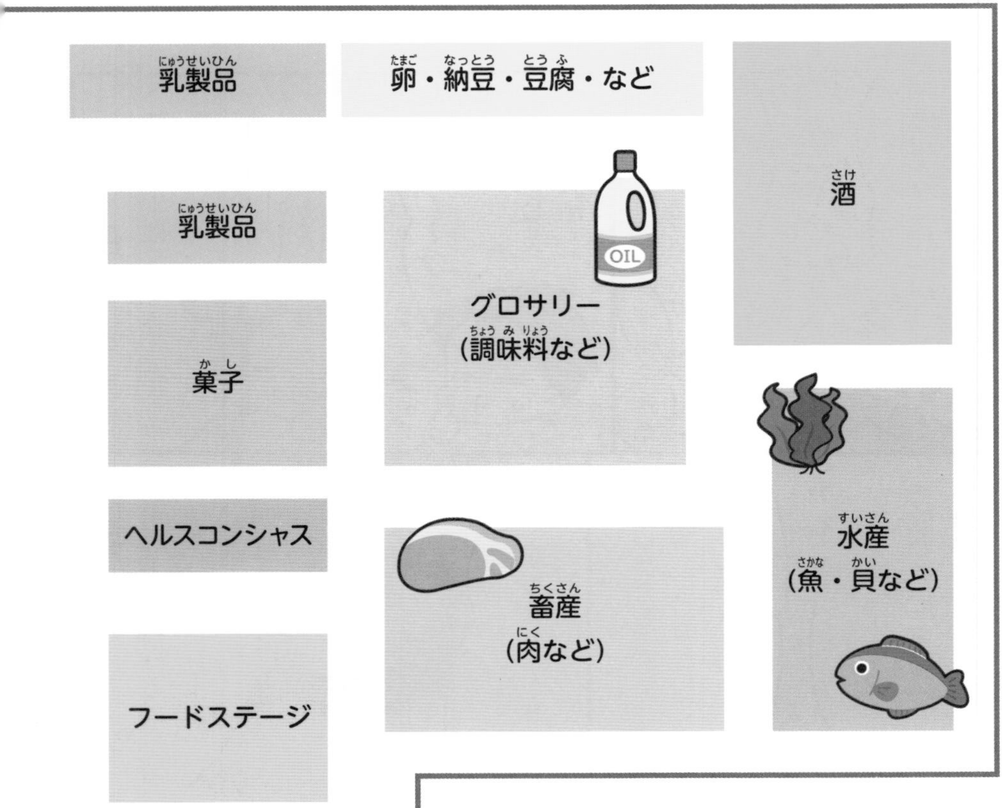

※ヘルスコンシャス…オーガニックやダイエットなど、体《からだ》のことを考《かんが》えた商品《しょうひん》を集《あつ》めたコーナー。

スーパーマーケットの商品《しょうひん》は

らぴす　お店《みせ》では種類《しゅるい》ごとに商品《しょうひん》がならんでいるけど、ならべる順番《じゅんばん》にきまりがあるんですか？

畑《はた》佐《さ》さん　きまりがあるわけではないですが、入《い》り口《ぐち》側《がわ》に青果《せいか》（野菜《やさい》や果物《くだもの》など）やベーカリー（パン屋《や》さん）コーナーが設置《せっち》されていることが多《おお》いですね。

るり　あ、うちの近《ちか》くのスーパーもそうなってる！

畑佐さん　これには理由《りゆう》があるんですよ。買《か》い物《もの》に来《く》るお客様《きゃくさま》は、「お惣菜《そうざい》などの出《で》来合《きあ》いのものがほしい」「献立《こんだて》を考《かんが》えながら食材《しょくざい》を選《えら》びたい」など、さまざまな目的《もくてき》を持《も》っています。

たとえばこのお店《みせ》では、左《ひだり》の図《ず》①のように進《すす》むと、目当《めあ》てのお弁当《べんとう》やパンがすぐに買《か》えるようになっています。②のように進《すす》むと、野菜《やさい》から見《み》て副菜《ふくさい》を考《かんが》えつつ、肉《にく》や魚《さかな》を見《み》てメインの食材《しょくざい》を考《かんが》えられるようになっているんですよ。

らぴす　そんな工夫《くふう》があるんですね。

畑佐さん　入《い》り口《ぐち》側《がわ》に青果《せいか》コーナーがあるのには、もうひとつ理由《りゆう》があります。野《や》菜《さい》やフルーツは、色味《いろみ》があざやかで、はなやかさもあるので、お客様《きゃくさま》の興味《きょうみ》を引《ひ》きやすいんです。季節感《きせつかん》があるので、献立《こんだて》を考《かんが》える参考《さんこう》にもなります。

▲父《ちち》の日《ひ》向《む》けのフードステージ

るり　「フードステージ」というのは何《なん》のコーナーですか？

畑佐さん　フードステージには、おすすめ商品《しょうひん》を置《お》いています。父《ちち》の日《ひ》だったら、お酒《さけ》やおつまみを置《お》いたり、クリスマス前《まえ》には、ちょっといいワインやおすすめのレシピ（料理《りょうり》の材料《ざいりょう》と作《つく》り方《かた》を書《か》いたもの）に合《あ》わせた食材《しょくざい》を選《えら》んで置《お》いたりします。

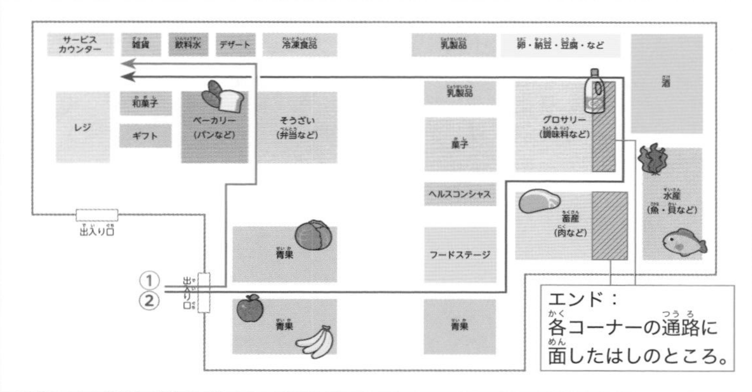

▲店内《てんない》でのお客様《きゃくさま》の流《なが》れの例《れい》

らぴす　あっ、そのコーナーさっき見《み》たよ！　日本《にほん》酒《しゅ》がどーんって置《お》いてあったぜ。

畑佐さん　商品《しょうひん》の見《み》せ方《かた》にもいろいろ工夫《くふう》があるんですよ。おすすめ商品《しょうひん》は、いつもよりたくさんならべて目《め》につくようにしたり、どんな味《あじ》かがわかるようにポップ（絵《え》や文字《もじ》などでおすすめ情報《じょうほう》を示《しめ》したもの）をつけたりします。

るり　フルーツもすごくおいしそうに見《み》えたんだけど、何《なに》かひみつがあるんですか？

畑佐さん　フルーツは、一《ひと》つひとつ熟《じゅく》し具合《ぐあい》がちがうので、熟成度《じゅくせいど》が高《たか》いものとこれから熟《じゅく》すものをならべて置《お》いたり、大《おお》きめのモノと小《ちい》さめのモノをならべて置《お》いたり

▲おすすめ惣菜《そうざい》のポップ

▲手《て》に取《と》りやすいようにならべられたフルーツ

して、お客様《きゃくさま》がひと目《め》で好《この》みや使《つか》いみちに合《あ》わせたものを選《えら》べるようにしています。グラデーションになって見《み》た目《め》もきれいになるんですよ。

らぴす　そっか〜。すぐに食《た》べない場合《ばあい》もあるもんね。

るり　あの、わたしたち、今《いま》かたづけの勉強中《べんきょうちゅう》なんですが、こういうふうにきれいに見《み》せるコツって何《なに》かありますか？

畑佐《はたさ》さん　ありますよ！　ならべかたの工夫《くふう》は先《さき》ほどもお話《はな》ししましたが、商品《しょうひん》のラベルを正面《しょうめん》に向《む》けることは基本《きほん》です。お客様《きゃくさま》が見《み》やすいことがまず重要《じゅうよう》ですが、向《む》きがそろってならんでいるときれいに見《み》えますよね。それから、商品《しょうひん》を重《かさ》ねてレイアウトしたり、かごなどに入《い》れて見《み》せ方《かた》を変《か》えることで変化《へんか》をつけています。あと、きれいに見《み》せる以外《いがい》に、重《おも》いものは下《した》のたなに置《お》いて取《と》り出《だ》しやすくするなども大事《だいじ》ですよ。

らぴす　そのほうが手《て》に取《と》りやすいもんなあ。

畑佐さん　お店《みせ》の場合《ばあい》、売《う》れ行《ゆ》きのいい商品《しょうひん》は、目線《めせん》の高《たか》さに合《あ》ったところに置《お》きます。エンドというコーナーには、おすすめ商品《しょうひん》やセール商品《しょうひん》を置《お》くことが多《おお》いのですが、ここも目《め》につきやすい場《ば》所《しょ》です。

らぴす　かたづけ方《かた》の工夫《くふう》もありますか？

畑佐さん　もちろんです。商品《しょうひん》のストック（商品《しょうひん》が売《う》れたときに補充《ほじゅう》できるようにしておくための在庫《ざいこ》）は、「だ

立《た》てる
かける
ねかせる

れが見《み》てもひと目《め》でわかるように！」がかたづけの合《あ》い言《こと》葉《ば》です。ストックはバックヤード（お店《みせ》のうら側《がわ》の店員《てんいん》さんが使《つか》う部分《ぶぶん》）に保管《ほかん》されていますが、商品《しょうひん》の種類《しゅるい》ごとにならべてラベリングしたり、ストックがどれくらいあるかすぐにわかるようにしたりして置《お》いています。商品《しょうひん》が売《う》り切《き》れにならないように、ストックがへったらすぐに注文《ちゅうもん》できるようにしておく必要《ひつよう》がありますから。

　青果《せいか》や肉《にく》、魚《さかな》は生《なま》ものなので、入荷《にゅうか》した日付《ひづけ》を書《か》いておきます。古《ふる》いものと新《あたら》しいものがまざってしまわないように、しっかり管理《かんり》しているんですよ。

らぴす　日付《ひづけ》を書《か》いておくって大事《だいじ》なんだね。

るり　書《か》いておけばいつのものかが一目《ひとめ》でわかるもんね。

畑佐さん　お役《やく》に立《た》てたようでよかったです。今度《こんど》スーパーに来《く》るときは、お店《みせ》のレイアウトや商品《しょうひん》のならべ方《かた》などもぜひ見《み》てみてくださいね。

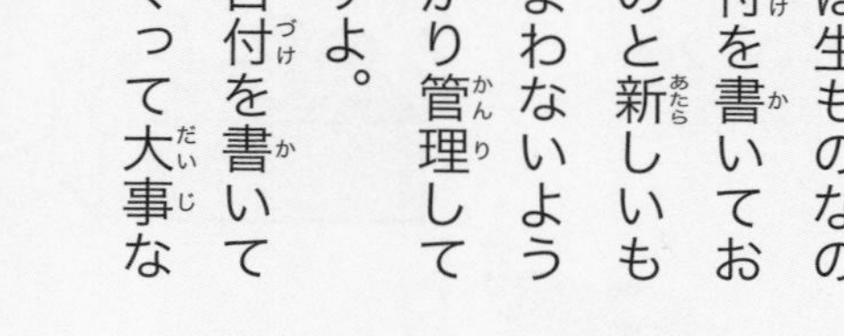

かたづけで勉強《べんきょう》したことと同《おな》じことがいっぱいあったよ！
よくがんばったわね！

協力…クイーンズ伊勢丹　食生活を通じて「豊かなライフスタイル」はもとより「価値ある体験」を提供し、お客様の日々の生活に「ささやかな感動と喜び」を届けるスーパーマーケット。

コラム 2

ファイルボックスを作《つく》って収納《しゅうのう》しよう！

プリントなどの収納《しゅうのう》におすすめだよ。

段《だん》ボール

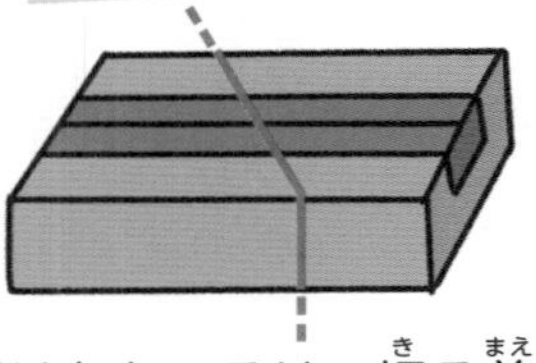

開《あ》けたところは、切《き》る前《まえ》にテープでしっかりとめる。上《うえ》の図《ず》のようにななめの線《せん》を下書《したが》きして、線《せん》のとおりに切《き》る。

この面《めん》も切《き》り取《と》ると、中《なか》のモノが取《と》り出《だ》しやすいよ！

紙《かみ》ぶくろ

持《も》ち手《て》
高《たか》さ

持《も》ち手《て》を切《き》り取《と》り、置《お》く場所《ばしょ》の高《たか》さに合《あ》わせて内側《うちがわ》に折《お》る。折《お》らずに切《き》ってもいい。

ぬいぐるみや小物入《こものい》れに！

収納例《しゅうのうれい》

ほ〜
段《だん》ボールって、見《み》た目《め》が悪《わる》くない？

両面《りょうめん》テープや木工用《もっこうよう》ボンドを使《つか》って、布《ぬの》や紙《かみ》などを段《だん》ボールの表面《ひょうめん》にはってみて。そうすれば、見《み》た目《め》も自分《じぶん》の好《この》みに変《か》えられるわ！

⚠けがをしないように、カッターやはさみの刃《は》に注意《ちゅうい》しましょう。

「これは、もう
いらないでしょ。
捨《す》てたら？」
って言《い》うの。
ひどいでしょ！
も〜〜！
そんなに
大事《だいじ》なモノ
だったのか？

PART 3

おまかせ！
かたづけ相談室《そうだんしつ》

かたづけなくちゃって
思《おも》うんだけど、ぜんぜん
やる気《き》が出《で》ないんだよ。
たははは…

かたづける気《き》がおきません……

キャロリーヌの かたづけ相談室《そうだんしつ》へようこそ！
ホホホ…
かたづけのなやみは、わたくしにおまかせあーれ。
お〜
わたしのイス…
世《よ》の中《なか》には、たくさんのかたづけ本《ぼん》があるの。なぜだかわかる？
かたづけ本
さあ？
ズバリ！それだけかたづけになやんでいる人《ひと》が多《おお》いからよ。
バン！
そんな、迷《まよ》える子《こ》どもたちを導《みちび》くのが、わたくしの役目《やくめ》ってわけ！
かたづけって、奥《おく》が深《ふか》いから迷子《まいご》になりやすいんだよね。

んじゃ、さっそく
オレから質問《しつもん》～。
は～い
どうぞ。
かたづけなくちゃって思《おも》うんだけど、
ぜんぜんやる気《き》が出《で》ないんだよ。
たはは…
で、どんどん
後回《あとまわ》しにしちゃって…。
めっちゃ
わかる～。
気《き》づいたら、
モノが山積《やまづ》みになっててさ、
それでまたやる気《き》を
なくすんだよ。
大変《たいへん》、それは
負《ふ》のスパイラルだ！
そうね、
ここで悪《わる》い流《なが》れを
絶《た》ち切《き》っちゃいましょ。
またにしよう…
ぐちゃ～～
まずは、次《つぎ》のⒶ《エー》～Ⓓ《ディー》を
ためしてみて。自分《じぶん》に合《あ》う
やり方《かた》を選《えら》んでね。

キャロリーヌのお答《こた》え A《エー》

少《すこ》しずつやってみる

やり始《はじ》めってめんどうだもんね。
そうそう!
どこから手《て》をつけていいかわからないしさ。
そんなときは、こうしてみて。
○ 整理《せいり》・収納《しゅうのう》ができている場合《ばあい》
モノを1つずつ元《もと》の場所《ばしょ》にもどそう。
おもちゃ箱《ばこ》
✕ 整理《せいり》・収納《しゅうのう》ができていない場合《ばあい》
整理《せいり》から始《はじ》めて、不要《ふよう》なモノを少《すこ》しずつ取《と》りのぞこう。
必要《ひつよう》なモノ
不要《ふよう》なモノ
まよい箱《ばこ》
ポイントは、一気《いっき》にやろうとしないこと!
今日《きょう》は、つくえの上《うえ》だけ、引《ひ》き出《だ》し1段《だん》だけ、というように少《すこ》しずつやるのがおすすめよ。
ヘヴィの一言《ひとこと》 1日《にち》1か所《しょ》でも、1年続《ねんつづ》けたら365か所《しょ》だ!

キャロリーヌのお答《こた》えB《ビー》 かたづけ目標《もくひょう》&スケジュールを立《た》てる

「いつまでにかたづける」という目標《もくひょう》を決《き》める手《て》もあるわ。
期限《きげん》
え～
目標《もくひょう》～？
宿題《しゅくだい》みたい～。
あらそう？ 友《とも》だちを部屋《へや》に招待《しょうたい》することが決《き》まっていたら、それまでにかたづけなきゃって思《おも》うんじゃない？
日《にち》曜《よう》は わたしの家《いえ》で あそぼ～！
目標《もくひょう》の日《ひ》までに、どこをかたづけるか、計画《けいかく》を立《た》てるといいわ。できたらカレンダーに○をつけてみて。
部屋《へや》だけじゃなく気持《きも》ちもすっきりするわよ。
わたし、部屋《へや》でお茶会《ちゃかい》してみたいんだ～。
いいかも！
おう、その日《ひ》は空《あ》けておくぜ！
するのは女子会《じょしかい》だから！

ヘヴィの一言《ひとこと》 楽《たの》しみを見《み》つけると、やる気《き》が出《で》るぞ～！

キャロリーヌのお答《こた》え C《シー》 自分《じぶん》へのごほうびを用意《ようい》する

目標《もくひょう》が達成《たっせい》できたら、自分《じぶん》にごほうびをあげるのもいいわよ。
目標《もくひょう》達成《たっせい》
えっ、ごほうびもらえるの!?
らぴすはどんなごほうびを想像《そうぞう》しているのかな？
たのしそう！！
パァァ
ゲームソフト
自転車《じてんしゃ》
うでどけい
フィギュア
あれは…、何《なに》かすごいものを想像《そうぞう》してるね。
かたづけができたら、ゲームを10分《ぷん》長《なが》くしていいとか、好《す》きなおやつを食《た》べていいとかは、どうかしら？
ごほうびッ！
10分《ぷん》
ポテイト
どんなごほうびにするかは、おうちの人《ひと》と相談《そうだん》してね。

ヘヴィの一言《ひとこと》　ごほうびだけ！ は、だめだよ〜。ヘヴィが見《み》てるぞ。

キャロリーヌのお答《こた》えD《ディー》

タイマーをセットしてかたづける

タイマーをセットして、短時間《たんじかん》だけ取《と》り組《く》むのもおすすめよ。
タイマー
うちの冷蔵庫《れいぞうこ》にはってあるやつだ。
かたづけの時間《じかん》をはかるの？
ためしに5分《ふん》でスタート！
タイマースタート！
らぴす、早《はや》く動《うご》いて！ちらかっているモノを元《もと》の場所《ばしょ》にもどすんだ！
5分《ふん》！
うおおおおお
ピピピッ はい、終了《しゅうりょう》〜。
こんなふうに時間《じかん》を区切《くぎ》ると、集中《しゅうちゅう》してかたづけられるでしょ。
お〜!!
時間《じかん》や場所《ばしょ》を限定《げんてい》して、少《すこ》しずつやるのが続《つづ》けるコツよ！
ちりつもやで!!

ヘヴィの一言《ひとこと》 時間内《じかんない》にどれだけできるか、ゲーム感覚《かんかく》で楽《たの》しんでみて！

かたづけって、いつすればいいの？

今度《こんど》はわたしの番《ばん》ね。
いつもママに「かたづけなさい！」って言《い》われていやなんだ…。
るりママ
うん、いつもの光景《こうけい》よね。
そうなの！でも言《い》われたらやりたくなくなるの〜。
そうね、しかられてやるんじゃ、気分《きぶん》が悪《わる》いわよね。
キャロちゃん〜〜！
いつかたづければしかられないのかなあ。
おうちの人《ひと》も、しかりたくてしかっているわけじゃないと思《おも》うわよ。
え!?
次《つぎ》のⒶ《エー》・Ⓑ《ビー》の方法《ほうほう》をためしてみて！

キャロリーヌのお答《こた》え A《エー》

「かたづけ・整《せい》とん」は1日《にち》1回《かい》、自分《じぶん》のタイミングで行《おこな》う

かたづけ・整《せい》とんのコツは、1日《にち》1回《かい》好《す》きなタイミングでやることよ！
かたづけは 1日《にち》1回《かい》 好《す》きなタイミングで！
好《す》きなタイミング？
たとえば…
かたづけ・整《せい》とんのタイミング
夕飯《ゆうはん》の前《まえ》
明日《あした》の準備《じゅんび》をするとき
宿題《しゅくだい》が終《お》わった後《あと》
ねる前《まえ》
ふきん
自分《じぶん》の生活《せいかつ》に合《あ》うかたづけのタイミングを考《かんが》えてみてね。
1日《にち》1回《かい》ならできるかも～。
量《りょう》も少《すく》なそう！
後回《あとまわ》しにしてまとめてやろうとすると、量《りょう》がふえちゃうからね。
ファイト！
そして、おうちの人《ひと》に「この時間《じかん》にやる」って、宣言《せんげん》するのも大事《だいじ》よ！
ヘヴィの一言《ひとこと》
1日《にち》1回《かい》のかたづけを習慣《しゅうかん》にしちゃえ！

キャロリーヌのお答《こた》え B《ビー》

「整理《せいり》・収納《しゅうのう》」は、学期《がっき》や学年《がくねん》が変《か》わるときに行《おこな》う

整理《せいり》や収納《しゅうのう》は、学期《がっき》や学年《がくねん》が変《か》わるときに、やるのがいいよ。
モノがふえたとき
新学期《しんがっき》など
それと、モノがふえてきたときも整理《せいり》・収納《しゅうのう》のタイミングよ。
整理《せいり》・収納《しゅうのう》の土台《どだい》をしっかりしておけば、いつもは1日《にち》1回《かい》のかたづけ・整《せい》とんだけで十分《じゅうぶん》よ。
1日《にち》1回《かい》でOK!
土台《どだい》
④そうじ
③かたづけ・整《せい》とん
②収《しゅう》納《のう》
①整《せい》理《り》
そうじは141ページを見《み》てね!
これで、きれいな部屋《へや》がキープできるわ。
そっかー。ママにしかられるのって、出《だ》しっぱなしにしていたときだもんな。
ママは、「かたづけ・整《せい》とん」をしてって言《い》いたかったんでしょうね。
これからは、使《つか》い終《お》わったら元《もと》の場所《ばしょ》にもどすようにしてね。
はーーい!

ヘヴィの一言《ひとこと》　「かたづけなさい」って言《い》われなくなりますように!

モノが多《おお》いのはだめなんですか？

オレは、好《す》きなものをずらっとならべて、好《す》きなモノに囲《かこ》まれた部屋《へや》にしたいんだー。
今《いま》まで作《つく》ったプラモとか、集《あつ》めたトレカとかを、毎日《まいにち》ながめてくらすんだー。
ぼくもかざってくれるよね？
んっ？考《かんが》えとくー。
モノが多《おお》いのって、部屋《へや》がちらかる原因《げんいん》のひとつらしいよ。
ガ〜ン
あ〜、やっぱり？
でも、どれも大事《だいじ》なんだよな。モノが多《おお》いのってだめなのかな…？
う〜ん
それにも答《こた》えがあるわよ！

キャロリーヌのお答《こた》え A《エー》　必要《ひつよう》なモノなら、多《おお》くてもいい

本当《ほんとう》に必要《ひつよう》なモノなら、
多《おお》くてもいいのよ。
ほっ
じゃあ
捨《す》てなくて
いいんだな!
そうだよ!
自分《じぶん》にとって、
本当《ほんとう》に必要《ひつよう》なモノだけを
残《のこ》すのさ。

はい、注目《ちゅうもく》～。
モノの量《りょう》は同《おな》じだけど、
不要《ふよう》なモノの数《かず》がちがうこと
がおわかりかしら?

○ 必要《ひつよう》なモノだけ

必 必 必 必 必
必 必 必 必 必

- 必要《ひつよう》なものだけだからかたづけやすい
- 不要《ふよう》なモノがないからきちんとしまえる

× 必要《ひつよう》・不要《ふよう》なモノがごちゃまぜ

必 不 必 必 不
不 必 不 必 必

- 不要《ふよう》なモノが多《おお》くてかたづかない
- 必要《ひつよう》なモノが不要《ふよう》なモノにうもれてしまう

プラモやトレカは、らぴすにとって大事《だいじ》なモノだよね？
もちろん！
それなら、かざるかして、収納《しゅうのう》するか大切《たいせつ》にするのね。
た・だ・し！
どんなに大切《たいせつ》でも、無限《むげん》にふやし続《つづ》けることはできないのよ。
ガ〜ン!!
ええっ!?
そりゃそうでしょ…
収納《しゅうのう》スペースや、自分《じぶん》が管理《かんり》できるモノの量《りょう》には限《かぎ》りがあるのさ！
そういうコト!!
収納《しゅうのう》
「本当《ほんとう》に大切《たいせつ》で大事《だいじ》にしたいモノ」は何《なに》かを考《かんが》えて、優先順位《ゆうせんじゅんい》をつけておきましょ。
オレはこの3つだな！
1 プラモデル
② トレカ
③ ゲーム

ヘヴィの一言《ひとこと》

ぼくは、たくさん蝶《ちょう》ネクタイを持《も》っているけど、大切《たいせつ》なモノだからきれいにならべてしまっているよ。

かたづけ相談室《そうだんしつ》 ❹

必要《ひつよう》なモノなのに、捨《す》てろって言《い》われちゃう

わたし、この前《まえ》がんばって かたづけしてみたの。
そしたら ママがね…。
「これは、もう いらないでしょ。捨《す》てたら？」って言《い》うの。ひどいでしょ！
もー〜！
そんなに大事《だいじ》なモノだったのか？
だって、キャロちゃんだよ？
ええっ!!
ふう…
あれは危《あぶ》なかったわ…。
キャロリーヌ様《さま》がご無事《ぶじ》でよかった…。
う…
うう…
おうちの人《ひと》の一言《ひとこと》って、けっこう影響力《えいきょうりょく》があるわよね。
でも、ママが捨《す》てたほうがいいって言《い》うなら、そうしたほうがいいのかな…？
ギク!!

キャロリーヌのお答《こた》え A《エー》

必要《ひつよう》なモノか不要《ふよう》なモノかは、自分《じぶん》にしかわからない

べっ、別《べつ》に、捨《す》てられそうになったから言《い》うわけじゃないけど、決《き》めるのは自分《じぶん》よ！
ほんと？よかった～。
キャロ様《さま》、めずらしくあせってるなあ。
コホン！
モノの価値《かち》は自分《じぶん》にしかわからないわ。
ママに捨《す》てたほうがいいって言《い》われても、それはママのモノではないからね。
だね！
おうちの人《ひと》の意見《いけん》を参考《さんこう》にするのはいいけどさ。
そうよ。どうして捨《す》てたくないか、理由《りゆう》を自分《じぶん》の言葉《ことば》で伝《つた》えるのが大事《だいじ》なのよ。
そっかー！
キャロちゃんは絶対《ぜったい》に捨《す》てないから、安心《あんしん》して♡
ギュ！

るり、ありがとう。でもね…。
大事《だいじ》なモノでもちゃんとかたづけないと、おうちの人《ひと》には「大事《だいじ》にしてないモノ」って思《おも》われちゃうのよ。
こんな感《かん》じで…
るりママ
あれ使《つか》わないのかしら？
…
え～!!
そうなの!?
ガーン!!
だから、「捨《す》てたら？」って言《い》われちゃったのかもね。
う～ん
そっか～。大事《だいじ》なモノは、ちゃんと管理《かんり》しないとだね。
自分《じぶん》に必要《ひつよう》なモノは、大事《だいじ》にあつかうこと！
おうちの人《ひと》に「捨《す》てたら？」って言《い》われても、自信《じしん》を持《も》って自分《じぶん》の気持《きも》ちを伝《つた》えてみましょう。
ヘヴィの一言《ひとこと》
自分《じぶん》の気持《きも》ちに正直《しょうじき》に！　自分《じぶん》の判断《はんだん》に自信《じしん》をもって！

「もったいなくて」捨《す》てられません……

オレもさ、この前《まえ》部屋《へや》をかたづけたんだぜ。るりには負《ま》けない！
おっ、らぴす、やるぅ〜。
フフフ…
ズン…
まよい箱《ばこ》
でも、気《き》づいたら、まよい箱《ばこ》だらけになっちゃったんだよ〜。
うわあ…
なんで!?
らぴす、これじゃあねる場所《ばしょ》もないじゃん！
え〜？
だって、まよったらまよい箱《ばこ》に入《い》れるって言《い》われたから〜。
それにしても、量《りょう》が多《おお》すぎよ！
捨《す》てるのもったいないんだもん〜。
ブ〜
いつか使《つか》うって思《おも》うと、とっておきたくなるんだよね。
わかる〜
このなやみ、実《じつ》はかなり多《おお》いの。わたしの答《こた》えは4つあるわ！

キャロリーヌのお答《こた》えA《エー》

モノとしっかり向《む》き合《あ》って、整理《せいり》する

まよい箱《ばこ》に入《い》れちゃうのは、モノを大切《たいせつ》にしようという気持《きも》ちの表《あらわ》れでもあるんだよね。
そうなんだよ～。まだ使《つか》えそうだしさ～。
わ～～ん
←フォロー中《ちゅう》
でも、らぴす、考《かんが》えるのがめんどうっていうだけでまよい箱《ばこ》に放《ほう》りこんでない？
えっ？
ギクッ
すぐにまよい箱《ばこ》にポイッっていうのは、モノとしっかり向《む》き合《あ》っていないからじゃないかしら～？
そっ、そうかな…。
コワイ～
それに、処分《しょぶん》が大変《たいへん》だから、とりあえずまよい箱《ばこ》に入《い》れている場合《ばあい》もあるわよね？
キュッ
ハイッ、おっしゃるとおりです…。
キャロ様《さま》、さすがです！

ヘヴィの一言《ひとこと》　まよい箱《ばこ》の数《かず》は、おうちの人《ひと》と相談《そうだん》をしよう。

キャロリーヌのお答《こた》え B《ビー》

本当《ほんとう》のもったいないは、“使《つか》わない”こと

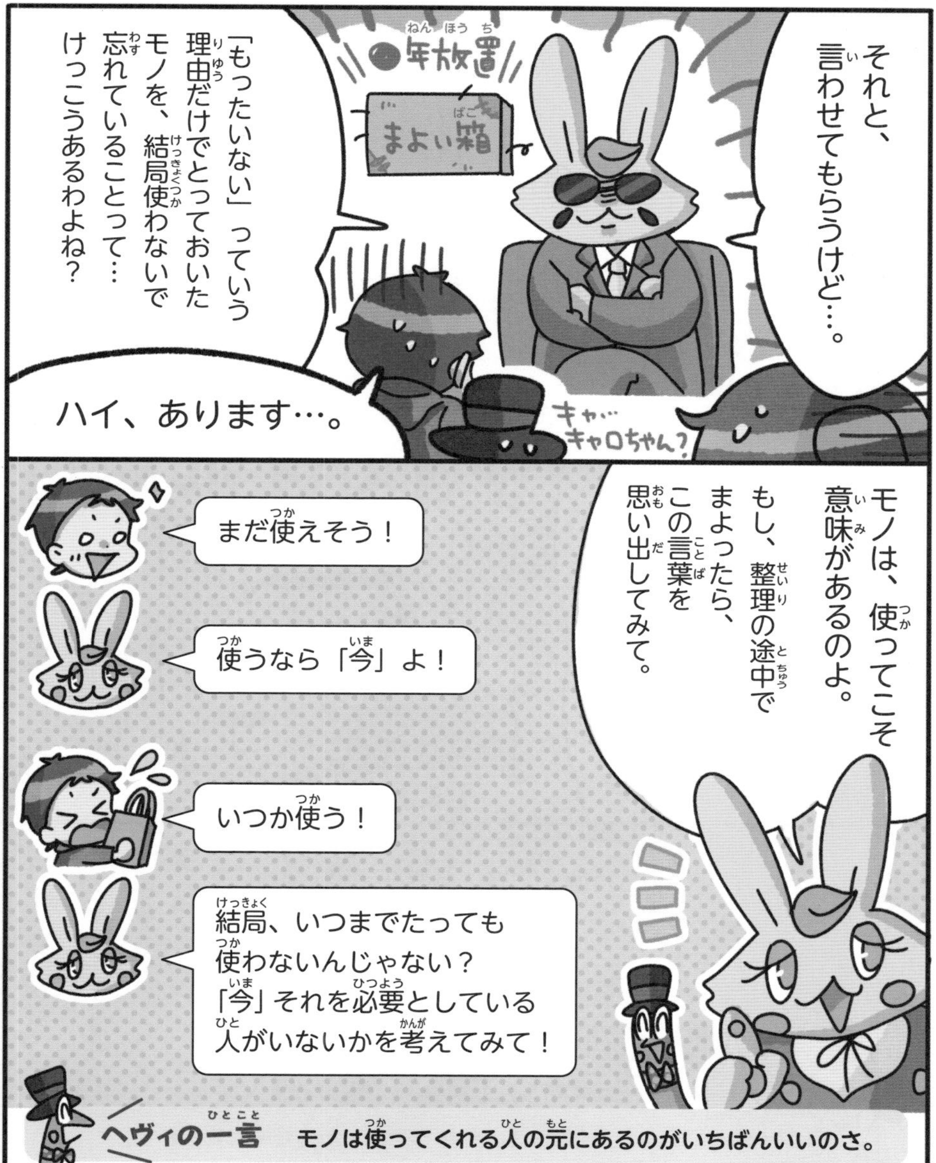
それと、言《い》わせてもらうけど…。
「もったいない」っていう理由《りゆう》だけでとっておいたモノを、結局使《けっきょくつか》わないで忘《わす》れていることって…けっこうあるわよね？
●年放置《ねんほうち》
まよい箱《ばこ》
ハイ、あります…。
キャ…キャロちゃん？
モノは、使《つか》ってこそ意味《いみ》があるのよ。もし、整理《せいり》の途中《とちゅう》でまよったら、この言葉《ことば》を思《おも》い出《だ》してみて。
まだ使《つか》えそう！
使《つか》うなら「今《いま》」よ！
いつか使《つか》う！
結局《けっきょく》、いつまでたっても使《つか》わないんじゃない？「今《いま》」それを必要《ひつよう》としている人《ひと》がいないかを考《かんが》えてみて！

ヘヴィの一言《ひとこと》 モノは使《つか》ってくれる人《ひと》の元《もと》にあるのがいちばんいいのさ。

キャロリーヌのお答《こた》え C《シー》

新《あたら》しくモノを買《か》うときは、よく考《かんが》える

そもそも、らぴすのまよい箱《ばこ》が、こんなにたくさんあるのは何《なん》でだと思《おも》う？
さあ？
なぜ？
モノを買《か》うときによく考《かんが》えていないからよ!!
※キャロちゃん
今《いま》みたいにね…
すみません
新《あたら》しく一《ひと》つモノを手《て》に入《い》れるということは、モノが一《ひと》つふえるということよね。
ゴミスパイラル
新《あたら》しいモノ
ゴミ？
まよい
まよい箱《ばこ》
ふえる
それは、いつかゴミになるモノがふえるということよ。だから、よく考《かんが》えずにモノを買《か》ってしまうと…。
うわ〜〜
ゴミ帝国《ていこく》ができちゃう!!
そのとおり！
モノを捨《す》てるのが苦手《にがて》なら、買《か》うときにこう考《かんが》えてみて。
これは、本当《ほんとう》に必要《ひつよう》？
本当《ほんとう》に大切《たいせつ》にできる？
う――む
今度《こんど》から、気《き》をつけてみるよ！

ヘヴィの一言《ひとこと》　どうして新《あたら》しくしようと思《おも》ったのかを考《かんが》えてみて。

キャロリーヌのお答《こた》え
D《ディー》

モノを大切《たいせつ》にあつかう

このまよい箱《ばこ》の中《なか》、こわれたモノやよごれたモノも多《おお》いわね。
ガサゴソ
ちらっ
やめてええええ
らぴすって、けっこうらんぼうにモノを使《つか》うから…。
モノはね、大切《たいせつ》にあつかえばながーく使《つか》えるのよ。
このぼくのように…
こわれたりよごれたりしたモノは、使《つか》いたくなくなるでしょ?
そうよ!
よごれたハンカチ
大切《たいせつ》にあつかうって、どうすればいいの?
こんな感《かん》じで、ふだんから気《き》をつけてみてほしいのさ。
引《ひ》き出《だ》しにつめこまない
よゆうがある!
らんぼうにあつかわない
よごれをそのままにしない
こまめに洗《せん》たく!

ヘヴィの一言《ひとこと》 大切《たいせつ》にあつかうとモノが長持《ながも》ちするし、愛着《あいちゃく》がわくよ!

かたづけ相談室《そうだんしつ》 6

どうして自分《じぶん》だけ かたづけなくちゃいけないの？

そうだ、キャロちゃん聞《き》いて！今朝《けさ》ね…。
わ〜〜ん
あれっ、給食袋《きゅうしょくぶくろ》がないっ！
それなら、落《お》ちてたから洗濯《せんたく》したわよ。
るりママ
えっ〜〜!! 今日《きょう》持《も》っていかなきゃいけないのに!!
るりがちゃんとかたづけないからでしょ。
ボソ……
ママだって、かたづけてないくせに…。
な・あ・に？
って、ことがあって…。
はぁ…
るりんちって、いっつもこーなの？
ママだって、かたづけ苦手《にがて》で、よく出《だ》しっぱなしにしてるのにさ…。
わたしにだけ言《い》うの、ずるくない？

キャロリーヌのお答《こた》えA《エー》

大人《おとな》だからといって、何《なん》でもかんぺきにできるわけじゃない

・・・・
そっか…。るりちゃんのママも、本当《ほんとう》のかたづけを知《し》らないのかもしれないね。
そうそう。大人《おとな》になっても、苦手《にがて》なことってけっこうあるものなのよ。
だから、ママがかたづけを苦手《にがて》なのは、大目《おおめ》に見《み》てあげたら？
えっ～～!! 子《こ》どもが、大人《おとな》に!?
そんなの、納得《なっとく》いかないよ!!
キ～～ッ
でもさ～。
オレの父《とう》ちゃんも、けっこう苦手《にがて》なことあるみたいだぜ。
料理《りょうり》ニガテ～
オレだって人《ひと》のこと言《い》えないしさ～。
でもでもっ、
え～
わたし、まだ子《こ》どもなのに～。

ヘヴィの一言《ひとこと》　自分《じぶん》だけ注意《ちゅうい》されたら、もやっとするよね。わかるぅ～。

キャロリーヌのお答《こた》え B《ビー》

「かたづけの勉強中《べんきょうちゅう》だから、“かたづけなさい”と言《い》わないで」と伝《つた》える

たしかに、相手《あいて》もできていないのに、自分《じぶん》だけが言《い》われたら、イラッとしちゃうわよね。
そうなの！
今《いま》やろうとしてたときに、言《い》われると、ほんとイヤで…。
そんなときは、「今《いま》、かたづけの勉強中《べんきょうちゅう》だから、『かたづけなさい』は言《い》わないで」って、お願《ねが》いしてみたら？
う〜ん…。「言《い》いわけしないの！」って言《い》われちゃいそう。
それは、伝《つた》え方《かた》次第《しだい》よ。本気《ほんき》で言《い》ってるかどうか、ママにはわかると思《おも》うわ。
Do
ドキ！
まずは、自分《じぶん》の気持《きも》ちを伝《つた》えて、ちゃんとやることが大事《だいじ》!!
ちゃんとかたづけするよ！！
給食袋
がんばるるりを見《み》たら、ママもきっとわかってくれるよ。
そっか〜
るりママ
まあ！
ファイト！

ヘヴィの一言《ひとこと》　おたがい、ちょっとずつがんばっていこうよ〜。

キャロリーヌのお答《こた》え C《シー》

自分《じぶん》のためのかたづけが、他《ほか》の人《ひと》にも喜《よろこ》んでもらえるのはうれしいもの

部屋《へや》がちらかっていると、イライラしちゃうこともよくあるのよ。
リビング
たとえば、みんなが使《つか》う場所《ばしょ》に、だれかのモノが置《お》きっぱなしになっていたら、じゃまだなって思《おも》うでしょ？
ぐちゃ〜
そりゃ、もちろん!!
はっ…
それは、ママも同《おな》じ気持《きも》ちだったかもしれないわ。
わたし、ママの気持《きも》ちを考《かんが》えていなかったかも…。
またるりね！
給食袋《きゅうしょくぶくろ》
特《とく》にみんなの場所《ばしょ》は、きれいに使《つか》おう！
だよ！
まずは、自分《じぶん》のモノをちゃんとかたづけるようにしたら、ママもうれしいはずだよ。
うん、わたし、やってみるよ〜!!

ヘヴィの一言《ひとこと》　かたづいている部屋《へや》だと、ハッピーな気持《きも》ちになれる！

コラム3

収納《しゅうのう》のしやすさ =アクションの回数《かいすう》！

シュバッ!
カッコイイでしょ!
そのアクションじゃないわよ…

ここでの「アクション」とは、モノを取《と》り出《だ》すのに、必要《ひつよう》な動作《どうさ》のこと。引《ひ》き出《だ》しを引《ひ》く、ふたを開《あ》ける、こういった動作《どうさ》をアクションというよ。

たとえば、勉強《べんきょう》づくえで宿題《しゅくだい》をしているとするよ。目《め》の前《まえ》にあるえんぴつ立《た》てのえんぴつなら、すぐに取《と》り出《だ》せるからアクションは0回《かい》。引《ひ》き出《だ》しの中《なか》のえんぴつだと、引《ひ》き出《だ》しを引《ひ》く➡筆箱《ふでばこ》のふたを開《あ》ける、というように、2回《かい》のアクションが必要《ひつよう》だね。

ふだん使《つか》わないモノは、ふたつきの箱《はこ》に入《い》れて引《ひ》き出《だ》しやクローゼットの奥《おく》にしまっても不便《ふべん》ではないね。でも、よく使《つか》うモノを同《おな》じようにしまうと、アクションの回数《かいすう》が多《おお》くなって出《だ》し入《い》れがとても面倒《めんどう》に感《かん》じられるんだ。

だから、**よく使《つか》うモノは、アクションの回数《かいすう》が少《すく》ない収納《しゅうのう》にしよう。**出《だ》し入《い》れがラクになって、ちらかりにくくなるよ。

1
クローゼットの中《なか》の…
2
Box
大事《だいじ》なモノボックスの中《なか》の…
3
その中《なか》にしまったボックスのふたを開《あ》けたら…

ヘヴィは大事《だいじ》だけど、そんなに使《つか》わないから…。
そうだな〜〜
こんな感《かん》じかな!?
アクション
タタくない?

PART 4

整《せい》理《り》と収《しゅう》納《のう》をやってみよう！

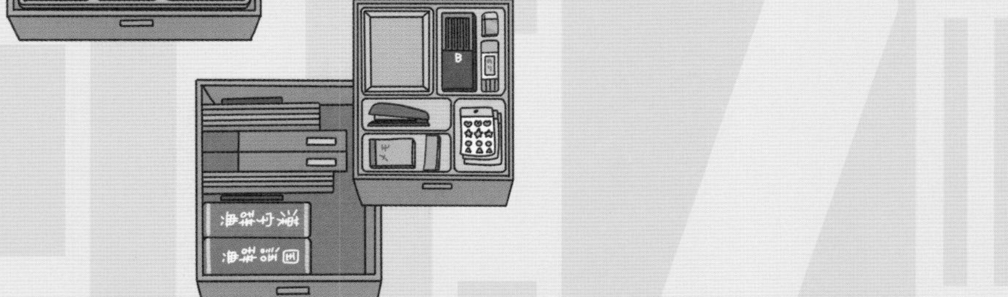

どんな部屋《へや》にするかを考《かんが》えよう

ふたりは、モノがかたづいたら、どんな部屋《へや》にしたい？
オレは、プラモやフィギュアをいい感《かん》じにかざりたいぜ！
わたしは、お茶会《ちゃかい》ができるような、かわいい部屋《へや》にしたいな。

自分《じぶん》の目指《めざ》すイメージがはっきりしてくると、かたづけも続《つづ》けられるよ。
整理収納《せいりしゅうのう》の「あいうえお」もわすれないでね！
え〜と
それって…どんなんだっけ？
それじゃあ、おさらいしましょ！
あ…あせらないで
い…いそがないで
う…うそをつかないで
え…えらびとる
お…おもいっきり楽《たの》しもう！
部屋《へや》をかたづけることをおうちの人《ひと》に伝《つた》えてから始《はじ》めよう！

きみが目指《めざ》すのは、どんな部屋《へや》かな？

勉強《べんきょう》に関係《かんけい》があるモノを整理《せいり》・収納《しゅうのう》しよう

じゃ〜〜ん!! オレのつくえ、すごいだろ?
何《なに》がすごいのよ…。いばってどうすんの!
わお!
かたづけたい度《ど》、マーックス!! さっそくとりかかりましょう。

本《ほん》が山積《やまづ》み…。
なぜ、ここにボールが!?
引《ひ》き出《だ》しが閉《し》まりきっていない!
モノがたくさんあって、今《いま》にもくずれてきそう!
ランドセルが床《ゆか》に置《お》きっぱなし…。
中《なか》のモノが引《ひ》っかかって、引《ひ》き出《だ》しが開《あ》かない。
そもそも、開《あ》けっぱなし!

必要《ひつよう》なモノと不要《ふよう》なモノに分《わ》けよう！

まずは、ごちゃごちゃになっているモノを、仲間《なかま》ごとに分《わ》けるわよ。
このときに、明《あき》らかな「ゴミ」や「おもちゃ」など、関係《かんけい》のないものは取《と》りのぞいちゃうのさ！

文房具《ぶんぼうぐ》

えんぴつ・消《け》しゴム・ペン・色《いろ》えんぴつ・じょうぎ・のり・テープ・はさみ・コンパス・ふせん・クリップ・ホッチキス・メモ帳《ちょう》・シール・スタンプ・レターセット　など

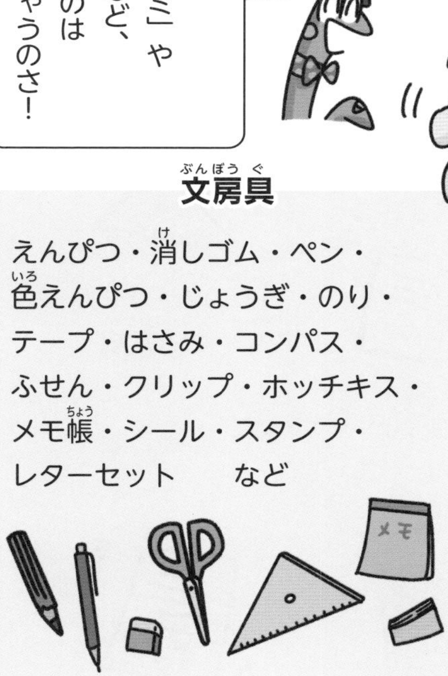
メモ

教科書《きょうかしょ》やノート

辞書《じしょ》・参考書《さんこうしょ》・ドリル・プリント・返《かえ》ってきたテスト　など

国語
算数
辞典
ノート
ドリル

学校《がっこう》で使《つか》う道具《どうぐ》

習字《しゅうじ》セット・絵《え》の具《ぐ》セット・リコーダー・ピアニカ　など

じゅくや習《なら》い事《ごと》で使《つか》う道具《どうぐ》

ピアノセット・スイミングセット・サッカーセット・ダンス着《ぎ》　など

きみが必要《ひつよう》だと思《おも》うものはどれかな？

まようときは、44・45ページのチャートを見《み》てみてね。

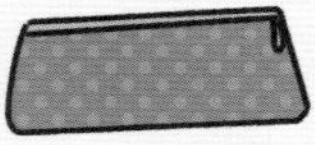

- ☑ 今《いま》、使《つか》っている筆箱《ふでばこ》

- ☑ インクの出《で》ないペン

- ☑ 短《みじか》くなったえんぴつ

- ☑ これから使《つか》う新品《しんぴん》のえんぴつ

- ☑ 線《せん》がガタガタになる定規《じょうぎ》

- ☑ 前《まえ》の学年《がくねん》で使《つか》い切《き》ったノート

- ☑ 使《つか》いかけのままになっているノート

こくご
さんすう

- ☑ 前《まえ》の学年《がくねん》の教科書《きょうかしょ》

国語
算数

- ☑ 今《いま》、使《つか》っている教科書《きょうかしょ》

- ☑ これからの予定《よてい》が書《か》いてあるプリント

- ☑ 返《かえ》ってきたテスト

- ☑ 2週間前《しゅうかんまえ》の遠足《えんそく》のお知《し》らせプリント

不要《ふよう》なモノとさよならしよう!

《保護者のかたへ》個人情報が書かれたものの扱いにご注意ください。

勉強《べんきょう》づくえを使《つか》いこなそう！

勉強《べんきょう》づくえ大《だい》解《かい》剖《ぼう》!!

すわったとき、正面《しょうめん》にあるたな。モノが取《と》り出《だ》しやすい場所《ばしょ》なので、よく使《つか》うモノを置《お》く。

上《うえ》にたな板《いた》があるので、背《せ》の高《たか》いモノを置《お》くと取《と》り出《だ》しにくくなる。時計《とけい》など、置《お》いたままにするモノを置《お》くのがオススメ。やる気《き》が出《で》るようなお気《き》に入《い》りのモノをかざるのもよい。

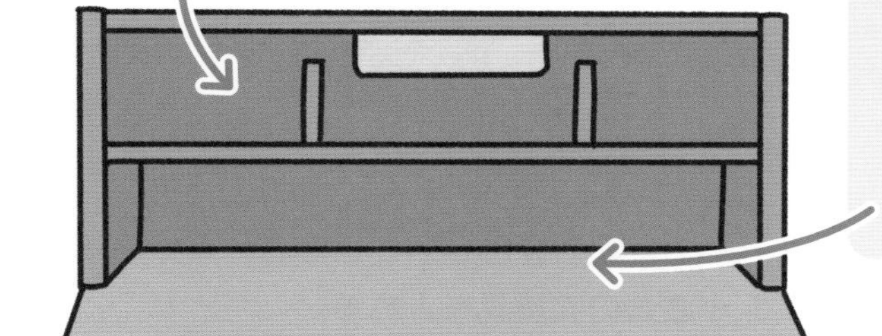

勉強《べんきょう》や作業《さぎょう》をするための場所《ばしょ》。できるだけ、モノを置《お》かないようにする。

引《ひ》き出《だ》しの深《ふか》さのちがいに注目《ちゅうもく》。それぞれの深《ふか》さに合《あ》うものを入《い》れると使《つか》いやすくなる。Ⓐの引《ひ》き出《だ》しがいちばん出《だ》し入《い》れしやすい。

おなかの前《まえ》の引《ひ》き出《だ》しは、すわっていると開《あ》けにくいので、あまり使《つか》わないモノを入《い》れるとよい。

引《ひ》き出《だ》しにモノをしまおう！

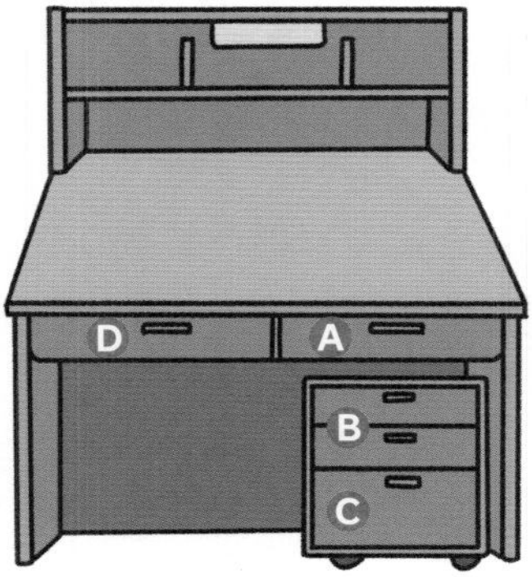

D
A
B
C

どの引《ひ》き出《だ》しも、よく使《つか》うモノを、手《て》前《まえ》にしまうようにしてみてね。

Ⓐのあさい引《ひ》き出《だ》し

いちばん引《ひ》き出《だ》しやすいから、よく使《つか》う小《ちい》さめの文房具《ぶんぼうぐ》を入《い》れる。

引《ひ》き出《だ》しを仕《し》切《き》って、ねかせる！

文房具《ぶんぼうぐ》は細《こま》かいモノが多《おお》いから、引《ひ》き出《だ》しの中《なか》を仕《し》切《き》って仲《なか》間《ま》ごとに収納《しゅうのう》する。

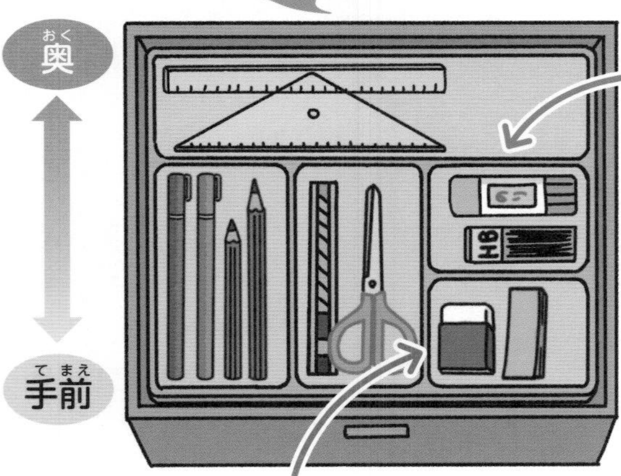

奥《おく》
手《て》前《まえ》

四《し》角《かく》い引《ひ》き出《だ》しの中《なか》に、
小《ちい》さい四《し》角《かく》がいっぱい！

オススメ収納《しゅうのう》グッズ

“仕《し》切《き》りケース”（114 ページへ）

つくえまわりの収納《しゅうのう》

Ⓑの引《ひ》き出《だ》し

Ⓐの引《ひ》き出《だ》しに入《い》れなかった文房具《ぶんぼうぐ》や、ストック（補充《ほじゅう》）用《よう》の文房具《ぶんぼうぐ》を入《い》れる。

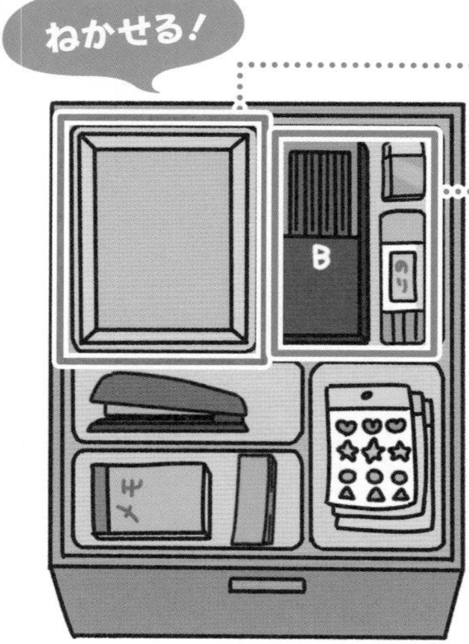

Ⓒの深《ふか》い引《ひ》き出《だ》し

辞書《じしょ》やあまり使《つか》わない参考書《さんこうしょ》、ノートなどを入《い》れる。背表紙側《せびょうしがわ》を上《うえ》にして立《た》てて入《い》れると、見《み》やすくて出《だ》し入《い》れしやすい。

オススメ収納《しゅうのう》グッズ

“ブックエンド”
（121ページへ）

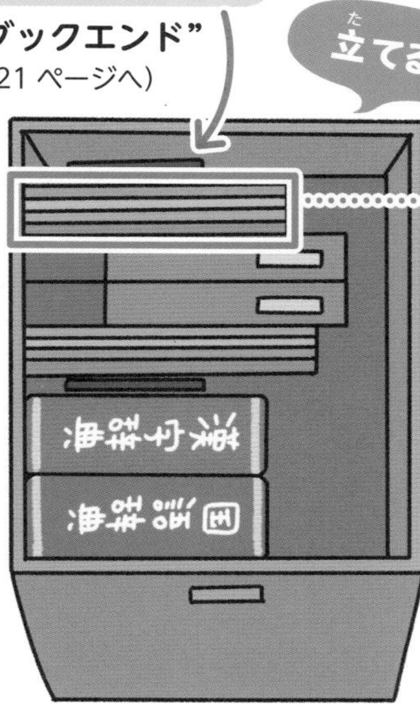

Ⓓのあさい引《ひ》き出《だ》し

すわっているときは開《あ》けづらいので、たまに使《つか》うモノを入《い》れる。

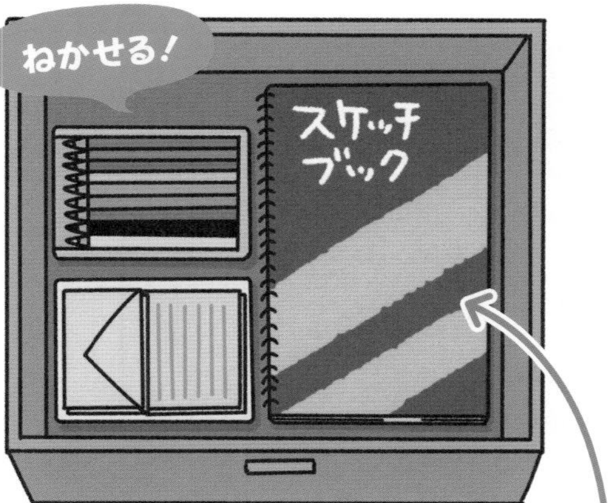

スケッチブックと色《いろ》えんぴつのように、いっしょに使《つか》うモノは、まとめて収納《しゅうのう》する。

つくえの上《うえ》にモノをしまおう！

つくえの上《うえ》は、よく使《つか》うモノだけ！

プリント類《るい》は、仲間《なかま》ごとに分《わ》けてしまう。ファイルボックスに「学校用《がっこうよう》」「じゅく用《よう》」などと書《か》いておくとわかりやすい。

立《た》てる！

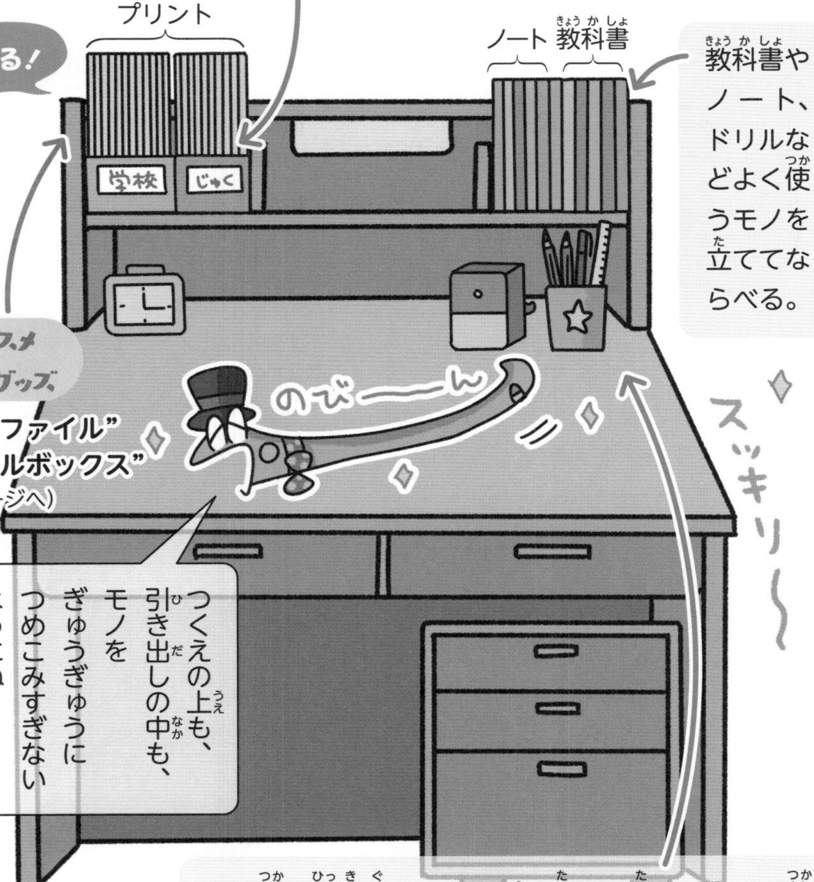

教科書《きょうかしょ》やノート、ドリルなどよく使《つか》うモノを立《た》ててならべる。

オススメ収納《しゅうのう》グッズ

“クリアファイル”
“ファイルボックス”
(114ページへ)

つくえの上《うえ》も、引《ひ》き出《だ》しの中《なか》も、モノをぎゅうぎゅうにつめこみすぎないようにね！

よく使《つか》う筆記具《ひっきぐ》は、えんぴつ立《た》てに立《た》てておくと使《つか》いやすい。ほかには、時計《とけい》やえんぴつけずりなど。ただし、置《お》きすぎには注意《ちゅうい》！

つくえまわりの収納《しゅうのう》

つくえのまわりをかたづけよう！

学校《がっこう》で使《つか》う道具《どうぐ》

学校《がっこう》から道具《どうぐ》を持《も》ち帰《かえ》ったら、
収納《しゅうのう》する前《まえ》に中身《なかみ》をチェック！

なくなっているモノはないかな？
こわれていないかな？

つくえの横《よこ》やたなに
まとめておく。

箱《はこ》に入《い》れる。

たなに
置《お》いたり
かけたり
する。

じゅくや習《なら》い事《ごと》で使《つか》う道具《どうぐ》

じゅくや習《なら》い事《ごと》のセットごとに
まとめておく。

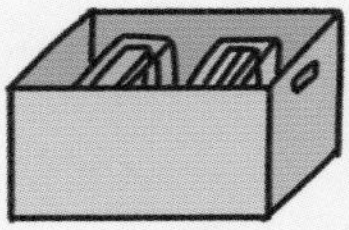

箱《はこ》に入《い》れる。

たなに
置《お》いたり
かけたりする。

ランドセルや通学《つうがく》かばん

つくえの
横《よこ》にかける。

たなの
取《と》り出《だ》しやすい
段《だん》に置《お》く。

オススメ収納《しゅうのう》グッズ

えんぴつ立《た》て

引《ひ》き出《だ》しの中《なか》にしまうモノとは別《べつ》に、特《とく》によく使《つか》うモノをつくえの上《うえ》に置《お》いておけるので便利《べんり》。

仕切《しき》りケース

形《かたち》や大《おお》きさはいろいろ。大《おお》きな引《ひ》き出《だ》しの中《なか》に、小《ちい》さなモノを入《い》れるときに役立《やくだ》つ。おかしの空《あ》き箱《ばこ》なども使《つか》える。

クリアファイル

プリントなど、ペラペラするモノをはさんでおく。

ファイルボックス

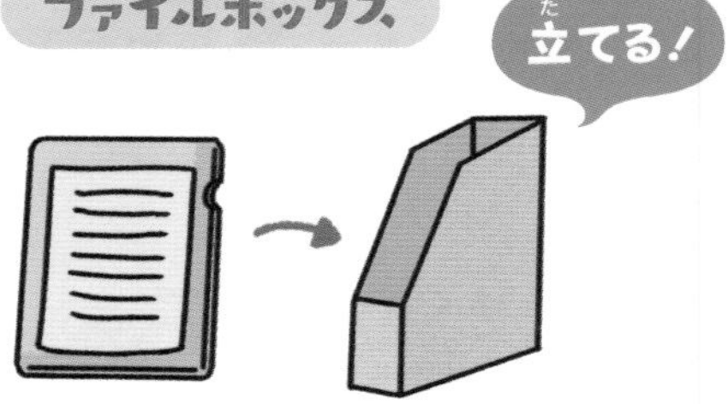

クリアファイルやうすい本《ほん》などを、立《た》てておくのに使《つか》う。

収納《しゅうのう》グッズを買《か》うときのやくそく

収納《しゅうのう》グッズを買《か》う前《まえ》に、必《かなら》ず置《お》き場所《ばしょ》の大《おお》きさをはかろう。大《おお》きさが合《あ》っていないと、使《つか》いにくくなって、結局《けっきょく》使《つか》わなくなってしまうよ。そんなの、もったいな〜い！

ミニ! キャロリーヌのかたづけ相談室《そうだんしつ》

そのときの気分《きぶん》によって宿題《しゅくだい》をする場所《ばしょ》を変《か》えているんだけど、勉強道具《べんきょうどうぐ》があちこちにちらかって大変《たいへん》。どうしよう?

勉強《べんきょう》ボックスに道具《どうぐ》を入《い》れて、運《はこ》ぶようにすればどこでも勉強《べんきょう》できるわ。勉強《べんきょう》が終《お》わったら、箱《はこ》に入《い》れてすぐにかたづけられるわよ。

勉強《べんきょう》ボックス
筆記具《ひっきぐ》・ノート・
教科書《きょうかしょ》・プリントなど

捨《す》てたくないけど、どこにまとめればいいかわからないモノがあって…、どうしよう?

そんなときは、なんでもボックス。どこにも収納《しゅうのう》できないモノを入れておく箱《はこ》よ。引《ひ》き出《だ》しにおさまるくらいの大《おお》きさにして、この箱《はこ》から、モノがあふれ出《だ》しそうになったら、中身《なかみ》を見直《みなお》して、整理収納《せいりしゅうのう》をやり直《なお》すといいわ。

本《ほん》やざっしを整理《せいり》・収納《しゅうのう》しよう

これじゃあ、どこに何《なに》があるかわからないわよ！
本《ほん》がぎゅうぎゅうだ～！
おっと！
たなの上《うえ》にまで積《つ》んである。
本《ほん》の上《うえ》のすき間《ま》にも本《ほん》が！
わたしの本だなひどいよね…
上下《じょうげ》さかさま…。
え～とオレがかしたマンガどこ？
本《ほん》の前《まえ》にモノがある！
ぎっしりつめこみすぎ！
背表紙《せびょうし》が見《み》えなくて、題名《だいめい》が不明《ふめい》…。
たおれて折《お》れ曲《ま》がっている。

本《ほん》だなの整理《せいり》

必要《ひつよう》なモノと不要《ふよう》なモノに分《わ》けよう！

きみが必要《ひつよう》だと思《おも》うものはどれかな？

- [x] 今《いま》、読《よ》んでいる本《ほん》

- [x] 書《か》いてある内容《ないよう》が古《ふる》いざっし

- [x] きょうみがなくなった本《ほん》

- [x] 読《よ》んでいないけれど、大切《たいせつ》にしている本《ほん》

- [x] 読《よ》んでいないし、思《おも》い入《い》れもない本《ほん》

- [x] 図書館《としょかん》の本《ほん》

- [x] 友《とも》だちにかりた本《ほん》

絶対《ぜったい》捨《す》てちゃダメ！

不要《ふよう》なモノとさよならしよう！

よごれや書《か》きこみのない本《ほん》は、だれかにゆずったり売《う》ったりするのがオススメ。それ以外《いがい》のモノは、ひもでしばって紙《かみ》ごみとしてリサイクルに出《だ》すといいよ。

➡本《ほん》の束《たば》ね方《かた》は、153ページへ

リサイクル！

《保護者のかたへ》本をリサイクルショップなどに売る場合には、保護者の同意が必要です。お子さまに付き添ってあげましょう。

本《ほん》だなを段《だん》ごとに使《つか》いこなそう！

本《ほん》の整理《せいり》はだいたい終《お》わったな！次《つぎ》は何《なに》をするんだっけ？
らぴす、もうわすれたの～？
整理《せいり》の次《つぎ》は「収納《しゅうのう》」だよ！
フフン！
そうだった～。るり、すげーじゃん!!
おふたりとも、ちょっと待《ま》って！
え？
本《ほん》にだって、いろんな種類《しゅるい》があるでしょ。
マンガ
ゴロゴロ
絵本《えほん》
白雪ひめ
宇宙とは…
ずかん
そんなときは、どうするんだったかしら？
あ！
もしかして…仲間《なかま》ごとにならべる？
大正解《だいせいかい》～!!
きみの本《ほん》だなも見《み》てみよう！
オレはマンガばっかりだぜ。

本《ほん》だなの収納《しゅうのう》

本《ほん》だな大解剖《だいかいぼう》!!

どこが出《だ》し入《い》れしやすいの？

たて長《なが》タイプ
上《うえ》
下《した》
出《だ》し入《い》れしやすい！
よこ長《なが》タイプ

背《せ》の高《たか》いたなは、上《うえ》に軽《かる》いモノを、下《した》に重《おも》いモノを入《い》れるのがよい。地《じ》しんの対策《たいさく》として、本《ほん》だな以外《いがい》のたなでも同《おな》じことだから、覚《おぼ》えておこう。

どんな形《かたち》のたなでも、本《ほん》の仲間《なかま》ごとにしまう。よく読《よ》む本《ほん》は出《だ》し入《い》れしやすい場所《ばしょ》にしまう。

出《だ》し入《い》れしやすい！

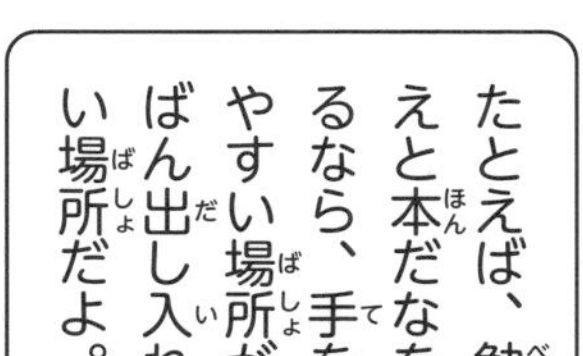
たとえば、勉強《べんきょう》づくえと本《ほん》だなをならべるなら、手《て》をのばしやすい場所《ばしょ》が、いちばん出《だ》し入《い》れしやすい場所《ばしょ》だよ。

たなにモノをしまおう！

本《ほん》をたなの中《なか》にしまえば、たなの上《うえ》にモノをかざるスペースができる。

空《あ》いたスペースに、本以外《ほんいがい》のモノを置《お》くのもおすすめだよ。

本《ほん》のシリーズやジャンルごとにまとめる。そろえているマンガなどは、巻数順《かんすうじゅん》にならべる。

重《おも》い本《ほん》を下《した》の段《だん》にまとめる。

オススメ収納《しゅうのう》グッズ

“ブックエンド”

（121 ページへ）

本《ほん》がふえたときのためのスペースをあけておく。

本《ほん》だなの収納《しゅうのう》

オススメ収納《しゅうのう》グッズ

立《た》てる！

ブックエンド

左右《さゆう》の本《ほん》の下《した》にさしこんで使《つか》う。本《ほん》がたおれてこないよ。

立《た》てる！

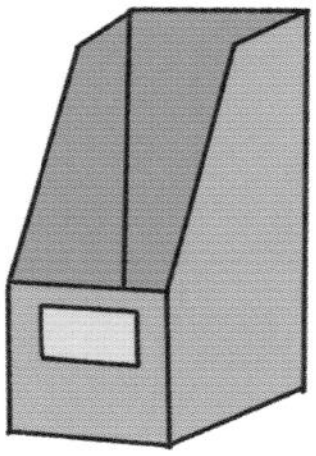

ファイルボックス

うすいパンフレットやざっしなどがたおれてこない。

ミニ！ キャロリーヌのかたづけ相談室《そうだんしつ》

図書館《としょかん》の本《ほん》や友《とも》だちにかりた本《ほん》はどうしよう？

自分《じぶん》の本《ほん》とは別《べつ》にして置《お》いておくと返《かえ》しわすれることがなくなるわ。

ボックス

マガジンラック

本《ほん》だなをかわいくしたいんだよ～。

お気《き》に入《い》りの布《ぬの》でカバーをしてみるのはどうかしら？

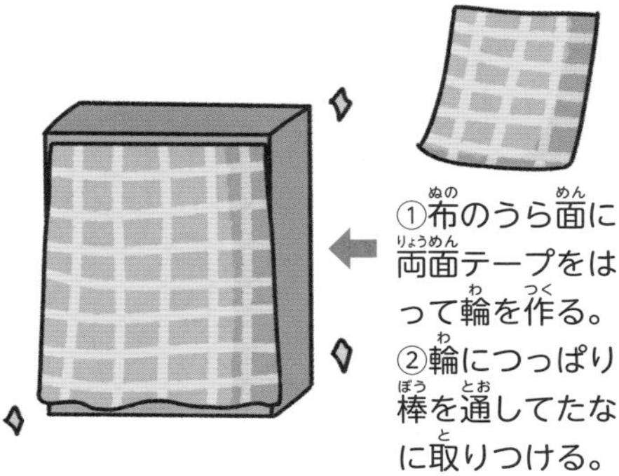

①布《ぬの》のうら面《めん》に両面《りょうめん》テープをはって輪《わ》を作《つく》る。
②輪《わ》につっぱり棒《ぼう》を通《とお》してたなに取《と》りつける。

しゅみや遊《あそ》び道具《どうぐ》を整理《せいり》・収納《しゅうのう》しよう

なぁヘヴィ〜
遊《あそ》ぶモノのかたづけって、むずかしくない？
そう？どうしてさ。
だって、大《おお》きさも形《かたち》もばらばらなんだぜ〜。
本《ほん》は大体《だいたい》同《おな》じだけどさ〜
ガーン!!
うわあ、ほんとだ!!
キャロ様《さま》、どうしましょう!?
ふふん、そんなのピースオブケイクよ。（※日本語《にほんご》でいうと「朝飯前《あさめしまえ》」ね）
このキャロリーヌ様《さま》にかたづけられないモノなんてないわ。だったら、全部《ぜんぶ》同《おな》じ形《かたち》にしちゃえばいいのよ！
え〜〜!!
そんなことできるの!?
フフフ…
ひみつ道具《どうぐ》

必要《ひつよう》なモノと不要《ふよう》なモノに分《わ》けよう！

きみが必要《ひつよう》だと思《おも》うものはどれかな？

- ✔ ふだんよく遊《あそ》んでいるゲーム

- ✔ こわれてしまったおもちゃ

- ✔ 大切《たいせつ》にしているモノ

- ✔ 好《す》きで集《あつ》めているモノ

- ✔ 見《み》なくなったDVD《ディーブイディー》

- ✔ 年《ねん》に1、2回《かい》遊《あそ》ぶボードゲーム

- ✔ 外《そと》で遊《あそ》ぶときに使《つか》っているモノ

- ✔ 小《ちい》さいころ遊《あそ》んでいたけれど、今《いま》はもう遊《あそ》ばないモノ

不要《ふよう》なモノとさよならしよう！

こわれていないモノは、だれかにゆずったり、バザーなどで売《う》るのもいいね。こわれているモノは、分別《ぶんべつ》をして捨《す》てよう。

小《ちい》さいころのおもちゃは、弟《おとうと》や妹《いもうと》にあげるのはどうかな？

いろいろな大《おお》きさの箱《はこ》を使《つか》いこなそう！

ビシッ!!
箱《はこ》!
一発芸《いっぱつげい》…
仲間《なかま》ごとに箱《はこ》に入《い》れれば、形《かたち》が同《おな》じになって、しまいやすくなる！

トレーディングカードなど

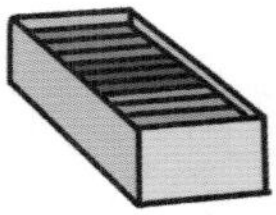

カードの大《おお》きさに合《あ》う箱《はこ》だと、カードを立《た》てて入《い》れられる。

大《おお》きめのおもちゃ・ぬいぐるみなど

箱《はこ》に立《た》てて入《い》れる。ねかせて重《かさ》ねると、下《した》にあるモノが出《だ》し入《い》れしにくくなってしまう。

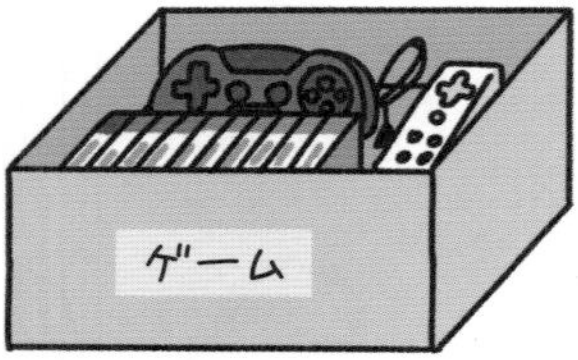
ゲーム

ゲームコントローラー・ゲームソフト・コードなど

いっしょに使《つか》うものはまとめて入《い》れておく。

ミニカー

小《ちい》さくて数《かず》が多《おお》いモノ（ミニカー・フィギュアなど）

箱《はこ》が深《ふか》いと下《した》にあるモノが出《だ》し入《い》れしにくいので、あさい箱《はこ》を使《つか》う。

CAT
人生いろいろゲーム

ＤＶＤ《ディーブイディー》や箱入《はこい》りの大《おお》きなボードゲームは、そのままたなに立《た》てて入《い》れる。トランプなど小《ちい》さなモノは、箱《はこ》にまとめて入《い》れる。

もっと小《ちい》さいモノ（ビーズ・工作《こうさく》の材料《ざいりょう》など）

仕切《しき》りのあるフタつきの箱《はこ》にしまう。種類《しゅるい》ごとにしまいやすく、ふたがあるので散《ち》らばらない。

しゅみ・遊《あそ》び道具《どうぐ》の収納《しゅうのう》

それぞれの箱《はこ》をたなにしまおう！

おもちゃなど、別《べつ》の場《ば》所《しょ》で遊《あそ》ぶものは、箱《はこ》に入《い》れておくと持《も》ち運《はこ》びしやすい。

DVD《ディーブイディー》やCD《シーディー》などはたおれてこないように、ブックエンドを使《つか》う。

オススメ収納《しゅうのう》グッズ

“コの字型《じがた》ラック”

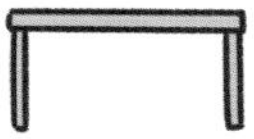

(126 ページへ)

ボードゲームは立《た》てて入《い》れる。重《かさ》ねると、下《した》のモノを出《だ》し入《い》れしにくくなる。

箱《はこ》に入《はい》っているモノがわかるように、シールなどに書《か》いてはっておく。
“ラベリング用《よう》のシール”
(126 ページへ)

テレビゲームの箱《はこ》は、テレビの近《ちか》くに置《お》くのがおすすめ。

箱《はこ》を選《えら》ぶときのポイント

- 箱《はこ》と、たなの大《おお》きさが合《あ》っているかな？
- 箱《はこ》に入《い》れるモノと、箱《はこ》の大《おお》きさが合《あ》っているかな？

箱《はこ》を買《か》う場合《ばあい》は、段《だん》ボールなどで置《お》き場所《ばしょ》の大《おお》きさを先《さき》にたしかめてみてね。

お役立《やくだ》ち収納《しゅうのう》グッズ

コの字型《じがた》ラック

重《かさ》ねる！

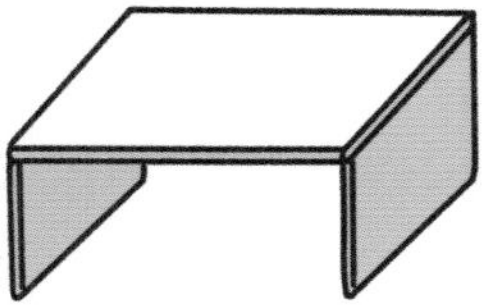

たなの上《うえ》のスペースが大《おお》きく空《あ》いていてもったいないとき、コの字型《じがた》ラックを置《お》くと、上《うえ》のスペースも使《つか》えて箱《はこ》を２個《こ》置《お》けるようになる。

コの字型《じがた》ラックを置《お》かないと、スペースが大《おお》きく空《あ》いてしまう。

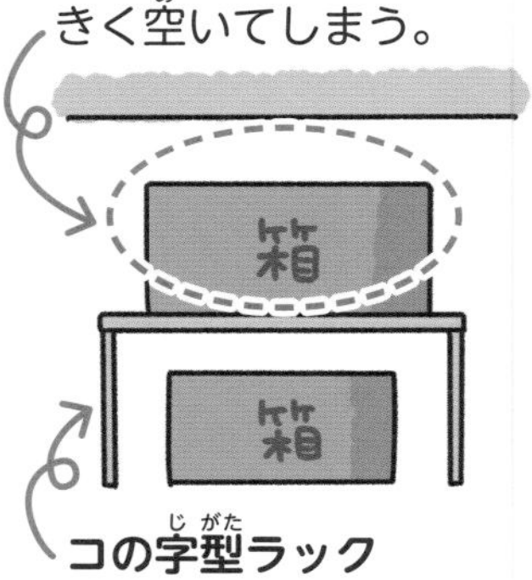

ラベリング用《よう》のシール

100円《えん》ショップなどで売《う》られている。

小《ちい》さく切《き》った紙《かみ》に名前《なまえ》を書《か》いて、セロハンテープではってもいいし、マスキングテープもシール代《が》わりになるわよ。

ラベリングすると、モノをしまうときに、まよわなくなるのさ！

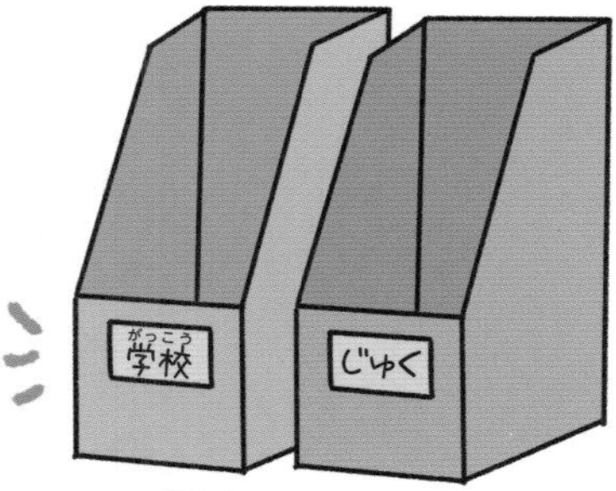

勉強《べんきょう》づくえのファイルボックス

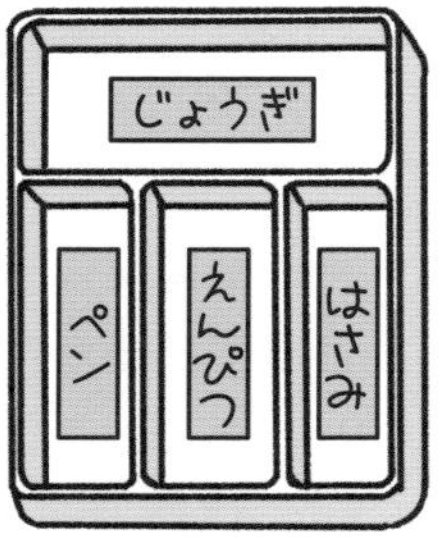

引《ひ》き出《だ》しの仕《し》切《き》りケースの底《そこ》

ミニ！ キャロリーヌのかたづけ相談室《そうだんしつ》

外《そと》で遊《あそ》ぶときに使《つか》うモノはどうすればいいかな？

ふくろや箱《はこ》に入《い》れて、げんかんの近《ちか》くにかけたり、置《お》いたりしてみて。でも、げんかんはみんなも使《つか》う場所《ばしょ》だから、まずは、おうちの人《ひと》に相談《そうだん》してね。

好《す》きで集《あつ》めているしゅみのモノは、いつでも見《み》られるようにかざりたいな。

それには、こんな収納《しゅうのう》はどうかしら？

トレーディングカード

アルバム風《ふう》に１枚《まい》ずつ見《み》られるようにする。

缶《かん》バッジ

ウォールポケットに１個《こ》ずつ入《い》れてかべにかける。

キーホルダー

ワイヤーネットをかべに固《こ》定《てい》して、そこにかける。

ミニカー

仕切《しき》りのあるとうめいのケースに１つずつ入《い》れる。

自分《じぶん》の作品《さくひん》やもらったモノを整理《せいり》・収納《しゅうのう》しよう

図工《ずこう》の作品《さくひん》とか作文《さくぶん》とか、友《とも》だちからの手紙《てがみ》とかって、どんどんふえていくよね。
それな！ どれも大切《たいせつ》だから捨《す》てたくないし…。
あけおめ
作品《さくひん》って、キャロ様《さま》のこととか？
うん！
ヘヴィは、オレの自信作《じしんさく》だからな。
わたしも！ キャロちゃん、大事《だいじ》にしてるよ。
自分《じぶん》が大切《たいせつ》って思《おも》うものは、とっておいていいのよ。
でも、そういうモノでもだんだんふえていくから、工夫《くふう》が必要《ひつよう》よ。
本当《ほんとう》に必要《ひつよう》なモノを収納《しゅうのう》するための場所《ばしょ》を作《つく》り出《だ》すのが、今回《こんかい》のミッション!!
ファイル

必要《ひつよう》なモノと不要《ふよう》なモノに分《わ》けよう！

きみが必要《ひつよう》だと思《おも》うモノはどれかな？

- [x] 友《とも》だちにもらった手紙《てがみ》

- [x] 毎年《まいとし》もらう年賀状《ねんがじょう》

- [x] 文集《ぶんしゅう》

- [x] 工作《こうさく》の作品《さくひん》

- [x] 自分《じぶん》でかいた絵《え》

- [x] 賞状《しょうじょう》

- [x] 旅行《りょこう》の思《おも》い出《で》

- [x] プレゼントでもらったモノ

- [x] 写真《しゃしん》

不要《ふよう》なモノとさよならしよう！

「○○ちゃんがくれたモノなのに…」「がんばって作《つく》ったのに…」と心《こころ》が痛《いた》むこともある。でも、しまう場所《ばしょ》にはかぎりがあるから、本当《ほんとう》に必要《ひつよう》なモノを残《のこ》せるように、収納《しゅうのう》の仕方《しかた》を工夫《くふう》しよう。

思《おも》い出《で》のモノを大切《たいせつ》にしよう！

思《おも》い出《で》のあるモノだから、かざって楽《たの》しむか、箱《はこ》にしまって保管《ほかん》するか！
うーん…まような！
しまう
かざる
どうする？

かざる

全部《ぜんぶ》をかざるのはむずかしいから、特《とく》にお気《き》に入《い》りのモノだけ選《えら》ぶ。

らぴすの力《りき》作《さく》か!!
おっ！

自分《じぶん》の作品《さくひん》

リビングなどのみんなが集《あつ》まる部屋《へや》にかざったり、1か月《げつ》ごとに作品《さくひん》を変《か》えたりすると楽《たの》しい。

写真《しゃしん》・絵《え》はがき・自分《じぶん》でかいた絵《え》など

賞状

写真《しゃしん》立《た》てや額《がく》に入《い》れてかざる。

わあ、いいアイデアじゃん！

作品《さくひん》・もらいモノの収納《しゅうのう》

しまう

しゅみや遊《あそ》び道具《どうぐ》のように、大《おお》きさに合《あ》う箱《はこ》を用意《ようい》して、仲間《なかま》ごとに保管《ほかん》する。

手紙《てがみ》

大切《たいせつ》なモノには、ほこりがかぶらないフタのある箱《はこ》がオススメ。

自分《じぶん》の作品《さくひん》

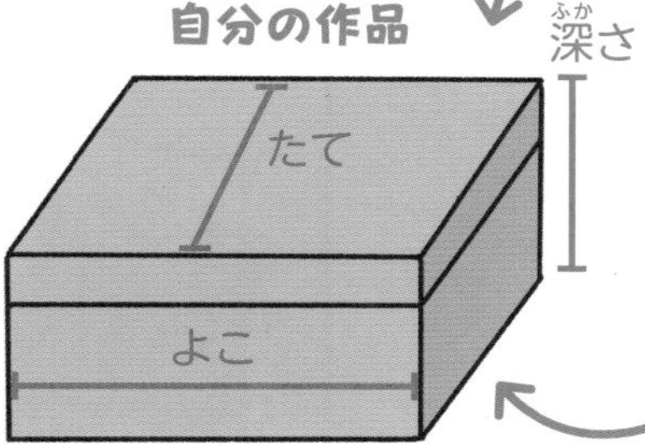

箱《はこ》のたて・よこ・深《ふか》さをはかり、作品《さくひん》が入《はい》るかどうかをたしかめる。

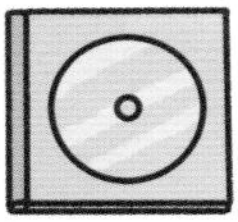

写真《しゃしん》

アルバムにまとめたり、DVD《ディーブイディー》などに写真《しゃしん》データを保存《ほぞん》する。

賞状《しょうじょう》

賞状用《しょうじょうよう》の大《おお》きいクリアファイルに入《い》れる。

ミニ！ キャロリーヌのかたづけ相談室《そうだんしつ》

自分《じぶん》の作品《さくひん》は絶対《ぜったい》に捨《す》てたくないけど、どんどんふえるし、かざる場所《ばしょ》も保管用《ほかんよう》の箱《はこ》も、いっぱいになったらどうしよう？

特《とく》に工作《こうさく》は、大《おお》きかったりこわれやすかったりして保管《ほかん》がむずかしいわよね。そういうときは、写真《しゃしん》をとって実物《じつぶつ》とはさよならするっていう方法《ほうほう》もあるわ。

洋服《ようふく》を整理《せいり》・収納《しゅうのう》しよう

わたし、何《なに》を着《き》ていくか迷《まよ》って、毎朝家《まいあさいえ》を出《で》るのがギリギリになっちゃうんだ…。
こんな時間《じかん》ー!!
るり、おしゃれだもんね♡
うーん…。それはクローゼットがかたづいていないからではないかしら?
ギクッ…
そんなに服《ふく》持《も》ってるのかよ?
オレばーちゃんにまかせっぱなし〜
だって、いろいろ着《き》たいでしょ!? 服《ふく》の種類《しゅるい》もいっぱいあるしさ。
この機会《きかい》に、洋服《ようふく》の整理《せいり》・収納《しゅうのう》もしちゃいましょ! 選《えら》びやすくなって、朝《あさ》あわてなくていいわよ。
整理《せいり》・収納《しゅうのう》
ほんと!?
やるやる〜!
オレも、オレもっ!!

必要《ひつよう》なモノと不要《ふよう》なモノに分《わ》けよう！

仲間《なかま》分《わ》けをしてから、必要《ひつよう》なモノを選《えら》ぶといいわよ。
ふだんよく着《き》るモノは、この４つ！

トップス
（シャツ・セーターなど）

ボトムス
（ズボン・スカートなど）

下着《したぎ》・くつ下《した》・ハンカチ

パジャマ・体《たい》そう服《ふく》

上着《うわぎ》

かばん・ぼうし

その他《た》

きみが必要《ひつよう》だと思《おも》うモノはどれかな？

☑ 最近《さいきん》、よく着《き》ているモノ

☑ 着《き》やすいモノ

☑ サイズが合《あ》わなくなったモノ

☑ 好《この》みでなくなったモノ

☑ やぶれているモノ

☑ お気《き》に入《い》りのモノ

☑ まだ着《き》られるけれど、1年間《ねんかん》で1回《かい》も着《き》ていないモノ

☑ よごれがひどいモノ

☑ スキーや登山《とざん》など、特別《とくべつ》なときに使《つか》うモノ

不要《ふよう》なモノとさよならしよう！

ボタンがとれたり、少《すこ》しやぶれたりしているモノは、直《なお》せそうだったら直《なお》してみよう。
きれいな洋服《ようふく》はゆずることができるし、資源《しげん》ごみとしてリサイクルにも出《だ》しやすいよ。

《保護者のかたへ》ゴミの処分は、お住まいの地域の分別ルールに従ってください。

クローゼットやタンスを使《つか》いこなそう

クローゼット…シャツ・ズボン・スカート・ワンピース・コートなどはかけておくのが便利《べんり》。

洋服《ようふく》の仲間《なかま》ごとにかける。

かける服《ふく》の量《りょう》は、出《だ》し入《い》れしやすい程度《ていど》にする。かけすぎると出《だ》し入《い》れしにくく、服《ふく》にしわがつく。

下《した》に衣装《いしょう》ケースを置《お》いて、下着《したぎ》やくつ下《した》、ハンカチなどの小物《こもの》を収納《しゅうのう》する。

タンス…洋服《ようふく》の仲間《なかま》ごとに、たたんでしまう。

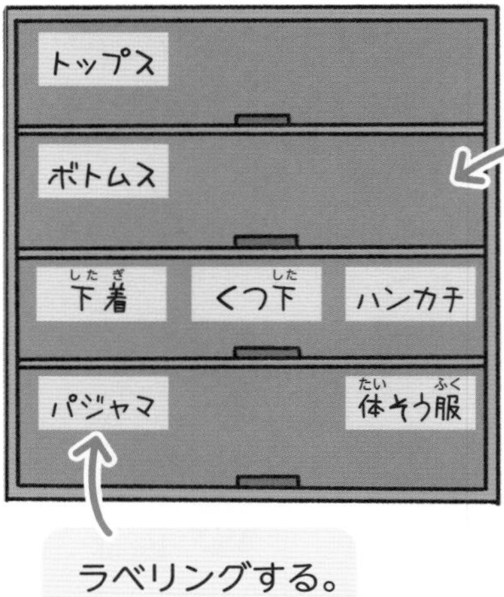

取《と》り出《だ》しやすい引《ひ》き出《だ》しに、よく着《き》るモノを入れる。

ラベリングする。

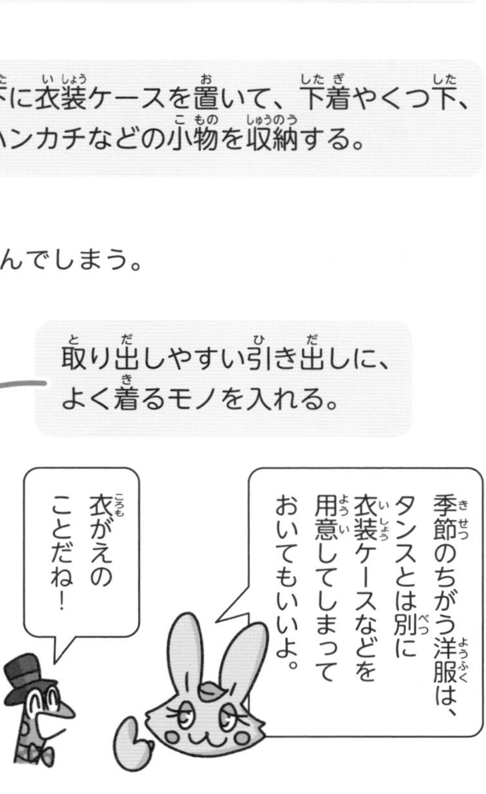

洋服《ようふく》を引《ひ》き出《だ》しにしまうときは、たたんで立《た》てる！

服《ふく》って、やわらかいけど立《た》てられるの？
ピーン！
立てられるよ〜！
「山《やま》」を作《つく》るようにたたむと立《た》てられるのよ。

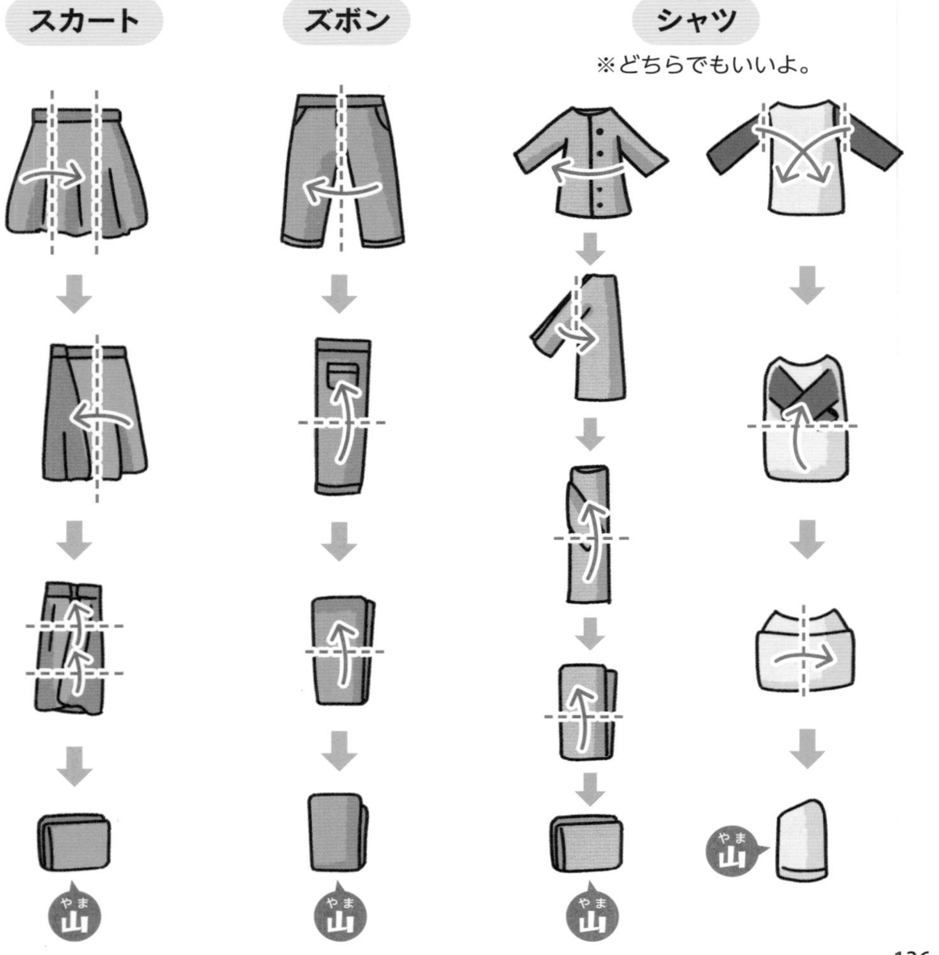
スカート
ズボン
シャツ
※どちらでもいいよ。
山《やま》
山《やま》
山《やま》
山《やま》

洋服《ようふく》の収納《しゅうのう》

山《やま》

山《やま》の部分《ぶぶん》を上《うえ》にして、引《ひ》き出《だ》しにしまう。

同《おな》じたたみ方《かた》にすると、たくさん入《はい》る。

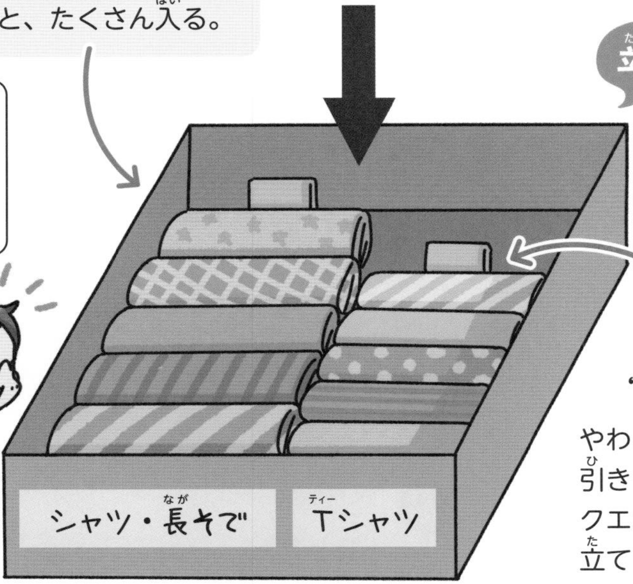

シャツ・長《なが》そで
T《ティー》シャツ

取《と》り出《だ》しやすそう！

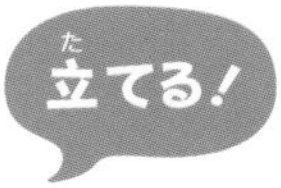

立《た》てる！

オススメ収納《しゅうのう》グッズ

“ブックエンド”

やわらかい洋服《ようふく》でも、引《ひ》き出《だ》しに合《あ》うブックエンドを使《つか》えば、立《た》てることができる。

へぇ！
小《ちい》さいブックエンドだと、タンスでも使《つか》えるんだ！

高《たか》さ

たたんだ服《ふく》の高《たか》さが、引《ひ》き出《だ》しよりも高《たか》くならないように！

たたんだ服《ふく》を重《かさ》ねて入《い》れると、下《した》に置《お》いた洋服《ようふく》が取《と》り出《だ》しにくく、しわにもなりやすいの。（セーター類《るい》を数枚重《すうまいかさ》ねるのはOK《オーケイ》）

服《ふく》を“重《かさ》ねる”はNG《エヌジー》！
出られないー！

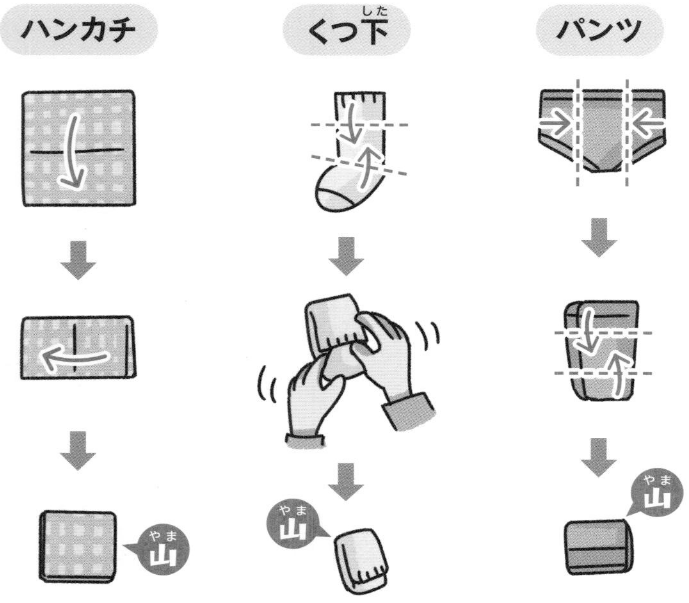

山《やま》を上《うえ》にして引《ひ》き出《だ》しにしまう。

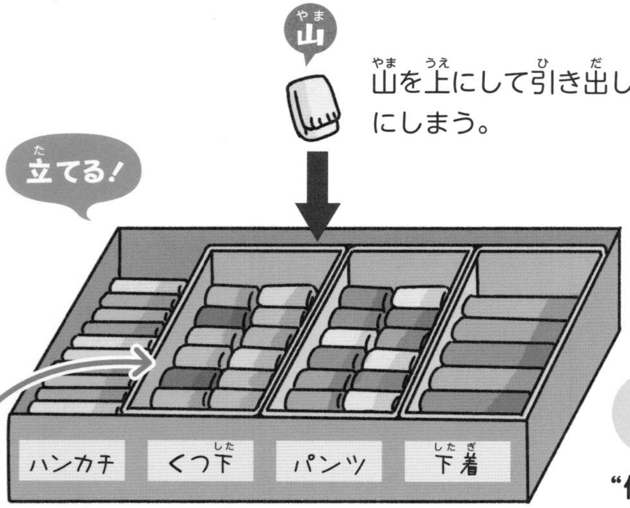

パンツやくつ下《した》など小《ちい》さいモノを、大《おお》きい引《ひ》き出《だ》しにしまうときは、仕《し》切《き》りを作《つく》るとぐしゃぐしゃになりにくい。

オススメ収納《しゅうのう》グッズ

“仕《し》切《き》りケース”

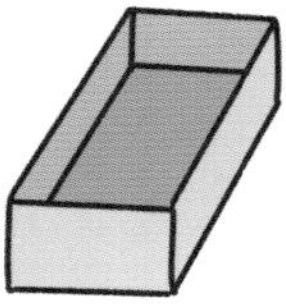

ボックスティッシュなどの上《うえ》の面《めん》を切《き》り取《と》った箱《はこ》を2、3個《こ》入《い》れる。

ミニ！ キャロリーヌのかたづけ相談室《そうだんしつ》

ねえ、衣《ころも》がえって何《なに》？

季節《きせつ》の変《か》わり目《め》に、タンスの中《なか》の洋服《ようふく》を入《い》れかえることよ。
衣《ころも》がえのときに、不要《ふよう》なモノをチェックするといいわ。

ぼうしやお出《で》かけ用《よう》のかばんはどうしよう？

こんな収納《しゅうのう》はどうかしら？

コラム④

“MOTTAINAI《モッタイナイ》”は世界《せかい》の共通語《きょうつうご》！

ワンガリ・マータイさん（1940−2011年）

ケニア人女性《じんじょせい》のワンガリ・マータイさんは、環境分野《かんきょうぶんや》で初《はじ》めてノーベル平和賞《へいわしょう》を受賞《じゅしょう》した人《ひと》。マータイさんは、モノを大切《たいせつ》にしようとする気《き》持《も》ちを表《あらわ》す「もったいない」という日本語《にほんご》を“MOTTAINAI《モッタイナイ》”という世界共通語《せかいきょうつうご》として、世界《せかい》に広《ひろ》めるきっかけを作《つく》った人《ひと》なんだ。

MOTTAINAI《モッタイナイ》

- Reduce《リデュース》（ゴミをへらす）
- Reuse《リユース》（再利用《さいりよう》）
- Recycle《リサイクル》（再資源化《さいしげんか》）

→ 3R《スリーアール》

＋

- Respect《リスペクト》（資源《しげん》への敬意《けいい》）

整理整《せいりせい》とんを通《とお》してみんなにできること

SDGs《エスディージーズ》（持続可能《じぞくかのう》な開発目標《かいはつもくひょう》）って聞《き》いたことはあるかな？　世界《せかい》が直面《ちょくめん》しているさまざまな問題《もんだい》を、2030年《ねん》までに解決《かいけつ》しようと定《さだ》めた国《こく》際目標《さいもくひょう》なんだ。17個《こ》の大《おお》きな目標《もくひょう》があり、目標《もくひょう》12「つくる責任《せきにん》　つかう責任《せきにん》」では、３R《スリーアール》を通《とお》して、廃棄物《はいきぶつ》をへらすというターゲットがあるよ。

SDGs《エスディージーズ》ってむずかしく聞《き》こえるけれど、みんなにもできることがあるんだ。整理整《せいりせい》とんをしておけば不要《ふよう》なモノを買《か》わないですむ。そして、不要《ふよう》なモノを買《か》わないということは、ゴミをへらすことにつながる。また、不要《ふよう》なモノを再利用《さいりよう》や再資源化《さいしげんか》する（➡47ページ）ことで、ゴミをへらすことができるんだ。

PART 5

かたづけ・整《せい》とんとそうじをやってみよう！

使《つか》ったモノを元《もと》の場所《ばしょ》にもどそう

整理《せいり》と収納《しゅうのう》で、部屋《へや》がすっきりしたよ！
じゃーーん！
オレも！自分《じぶん》でもがんばったと思《おも》うぜ！
ふたりとも、よくやったわね♡
やればできるっ!!
翌日《よくじつ》
って、もうきたなくなってる〜〜!!
どじゃ〜〜ん
アハハ‥
気《き》をぬいたらあっという間《ま》に…。
これは、肝心《かんじん》のかたづけをしていないからだわ…。

え？
したよね、整理《せいり》も収納《しゅうのう》も？
？
あらあら。"本当《ほんとう》のかたづけ"（→23ページ）をおわすれかしら？
かたづけとは、自分《じぶん》のタイミングで使《つか》ったものを元《もと》にもどすこと！
整理《せいり》と収納《しゅうのう》ができて、はじめてたどりつけるステージよ。
本当《ほんとう》のかたづけの図《ず》
④そうじ
③かたづけ・整《せい》とん
②収納《しゅうのう》
①整理《せいり》
ピーン！
土台《どだい》！
モノは、使《つか》うたびにかたづけ・整《せい》とんをしないと！部屋《へや》がすぐにちらかってしまうわ。
そっか〜
わたしのタイミングだとこんな感《かん》じかなあ？
かたづけのタイミング
たとえば…
●使《つか》ったらすぐ
●ご飯《はん》を食《た》べた後《あと》
●宿題《しゅくだい》の後《あと》
●おふろに入《はい》る前《まえ》
1日《にち》1回《かい》は、かたづける習慣《しゅうかん》をつけたいわね。

毎日《まいにち》のかたづけで、気《き》づくことがある！

まよい箱

- あれ？　箱《はこ》の中《なか》がいっぱいだ。
- あれ？　どこにしまおう。
- あれ？　文《ぶん》ぼう具《ぐ》が出《だ》し入《い》れしにくいな。

こんなことに
気《き》づいたら、
整理《せいり》と収納《しゅうのう》を
見直《みなお》すときかも
しれないわ。

みっちり…

ゲーセンで
とれた
どい〜ん…
はっ…
……

整理《せいり》の見直《みなお》し

学期《がっき》や学年《がくねん》が変《か》わるとき以外《いがい》にも、新《あたら》しくモノがふえたときに、ちょこちょこと整理《せいり》をしておくとよい。

このおもちゃは、たくさん
遊《あそ》んだからいとこに
あげよう。あの子《こ》なら、
いっぱい遊《あそ》んでくれそう。
いとこ

収納《しゅうのう》の見直《みなお》し

収納《しゅうのう》は、何度《なんど》でもやり直《なお》して自分《じぶん》に合《あ》うやり方《かた》を見《み》つけるとよい。

最初《さいしょ》は、教科書《きょうかしょ》をつくえの
たなにならべたけど、
好《す》きなものをかざりたい
から、引《ひ》き出《だ》しに
しまったんだよね。
でも、やっぱり
使《つか》いづらいかも…。
国語
ノート

かたづけ・整《せい》とん

見《み》た目《め》も整《ととの》えて、きれいさパワーアップ！

かたづけるときに、部屋《へや》を見回《みまわ》して、こんなこともチェックしてみよう。
とっても小《ちい》さなことだけど、整《ととの》えると部屋《へや》の印象《いんしょう》が全然《ぜんぜん》ちがうんだよ。

とび出《だ》しているモノはないかな？

はみ出《だ》してるよ！

たおれかけているモノはないかな？

ココ！

入《い》れるところをまちがえていないかな？

ぐちゃ〜〜

「〜っぱなし」には、注意《ちゅうい》！

学校《がっこう》や家《いえ》など、みんなといっしょに過《す》ごす場所《ばしょ》での出《だ》しっぱなし、使《つか》いっぱなし、開《あ》けっぱなしには気《き》をつけて。みんなが気持《きも》ちよく過《す》ごせるようにしよう。

キッチンに下《さ》げなさい！
ガターン！
ごちそ〜さん！

“ちょこっとそうじ”と“がっつりそうじ”でカンペキ！

ふん ふ～ん♪
ボトッ
……
ゴクリ…
らぴすが楽《たの》しげに そうじしてる…!?
※るり
あれ、いたの? オレ 今《いま》そうじ中《ちゅう》なんだから、じゃまするなよな!
おかしい!! らぴすが進《すす》んで そうじするなんて、ありえな～い!!
明日《あした》ぜったい雨《あめ》!!
いいわね～!
ちょこっとそうじが 身《み》についたみたいね!
部屋《へや》をきれいにしただろ? そしたら、プラモを かざってるたなのほこりが 気《き》になっちゃってさ。
はたきでキレイになるかも!
で、はたきを 持《も》ってきた ってわけ!
!
らぴす…成長《せいちょう》したね…
グスン
何《なに》それ～? わたしにも教《おし》えて!!
らぴすに先《さき》こされる!

“ちょこっとそうじ”のタイミングは？

キャロちゃん、
どうすれば
いいの？
あせ
あせっ
よしよし
よごれが
気《き》になった
こんなときに、
ささっと
そうじをしてみて。

ミニほうき・ちりとり

宿題《しゅくだい》の後《あと》に

キレ～イ!

ふきん

おやつを
食《た》べた後《あと》に

ピカピカ!
イイ感!

コロコロ

遊《あそ》んだ後《あと》に

～♪

はたき

たなに本《ほん》を
もどしたときに

めざせ、そうじマスター!

➡道具《どうぐ》のしょうかいは、62ページへ

“がっつりそうじ”のタイミングは？

ちょこっとそうじのほかに、定期的《ていきてき》にがっつりそうじをするのも大事《だいじ》よ。
がっつりそうじ？
お休《やす》みの日《ひ》などに、時間《じかん》をかけてそうじをするのさ！
前《まえ》もって、そうじをする曜日《ようび》を決《き》めておくといいよ。
たとえば…日曜日《にちようび》はそうじの日！
カレンダー
週《しゅう》に1回《かい》できたら花《はな》まるっ!!
ダ・ン・ド・リ
そして、がっつりするには段取《だんど》りを考《かんが》えること！
必要《ひつよう》なそうじ道具《どうぐ》を用意《ようい》しておいたり、順序《じゅんじょ》を決《き》めておいたりすると、スムーズに行動《こうどう》できるんだよ。
がっつりそうじスタート！
スムーズにそうじをするには、順番《じゅんばん》が大事《だいじ》なのよ。

がっつりそうじ、スタート！

使《つか》う道具《どうぐ》

- そうじき
- はたき
- ふきん
- フロアモップ
- ぞうきん

などを用意《ようい》する。

身《み》じたく

- マスク
- バンダナ
- エプロン

などを身《み》につける。

❶ まどを開《あ》ける

まどを開《あ》けて、部屋《へや》に空気《くうき》を通《とお》す。

❷ ちらかっているモノをかたづける

出《だ》しっぱなしのモノは、元《もと》の場所《ばしょ》にもどす。
床《ゆか》に置《お》いてある箱《はこ》などは、いったんつくえの上《うえ》などに置《お》く。

③ ほこりを取《と》る

高《たか》いところから低《ひく》いところへ、はたきをかけてほこりを取《と》る。

ほこりは軽《かる》くて宙《ちゅう》にまいやすいので、マスクとバンダナをする。

はたきの使《つか》い方《かた》

サーッとやさしくなでるようにしたり、細《こま》かい場《ば》所《しょ》をサッ、サッとはらったりして、ほこりを取《と》る。

④ そうじきをかける

部屋《へや》の奥《おく》から、入《い》り口《ぐち》に向《む》かって部屋《へや》全体《ぜんたい》にそうじきをかける。

ほこりやちりは、部屋《へや》の角《すみ》にたまりやすいので、ていねいにゴミをすい取《と》る。

そうじきをかける前《まえ》に、床《ゆか》にモノを置《お》いていない状態《じょうたい》にするのも大事《だいじ》!

ベッドやつくえの下《した》にも、しっかりそうじきをかける。

そうじきの使《つか》い方《かた》

そうじきの頭《あたま》の部分《ぶぶん》

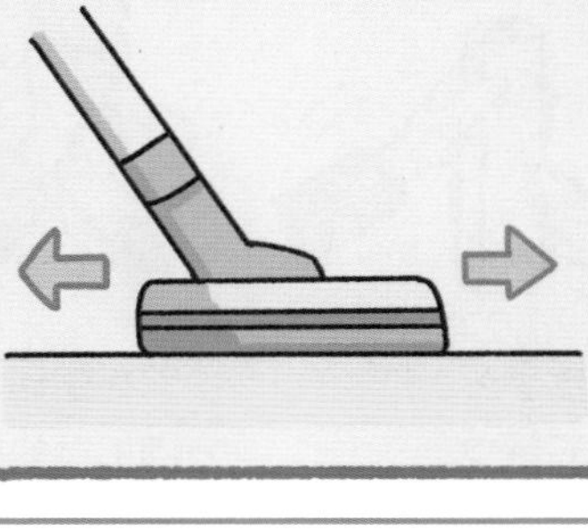

- そうじきの頭《あたま》の部分《ぶぶん》が、床《ゆか》にぴったりつくようにする。
- おしたり引《ひ》いたりしながらゴミをすい取《と》る。

そうじきが重《おも》くて使《つか》いにくいときは、ほうきではいたり、フロアモップを使《つか》ったりしよう。

❺ つくえやたなをふく

ふきんはかたくしぼる。しぼり方《かた》が弱《よわ》いと水《みず》びたしになってしまうので気《き》をつける。

年《ねん》に１回《かい》の大《おお》そうじなどでは、たなに入《い》れているモノを全部出《ぜんぶだ》して、たなの中《なか》や側面《そくめん》などをきれいにふく。

つくえをふくときは、コの字《じ》をくり返《かえ》してふく。

❻ 床《ゆか》をふく

ぞうきんはかたくしぼる。

ふきんやぞうきんのしぼり方《かた》

❶

ぬらしたぞうきんを、くるくる丸《まる》める。

❷

利《き》き手《て》を上《うえ》にして持《も》つ。

❸

手首《てくび》を矢印《やじるし》の方向《ほうこう》にひねる。

《保護者のかたへ》
ここでは、一般的な掃除の仕方を説明しています。住居に合わせた方法をお子さまに説明してあげてください。

がっつりそうじ、終《お》わり〜〜!
部屋《へや》がピカピカになった!
なんだか、空気《くうき》もきれいな感《かん》じ!
さわやか…
るりもらぴすもよくがんばったわね。

知《し》ってるとちょっとトク! 本《ほん》やざっしの束《たば》ね方《かた》

❶

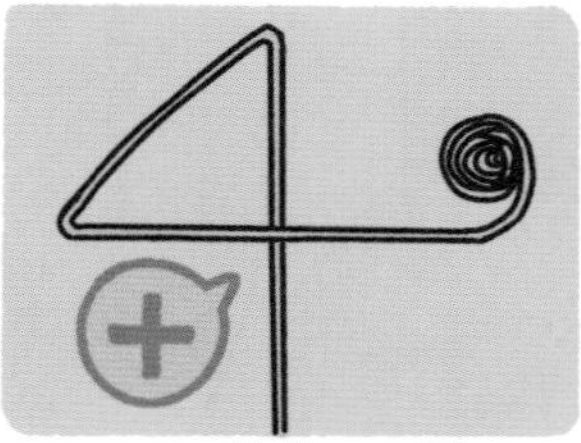

ひもを漢字《かんじ》の「十《じゅう》」の形《かたち》にして置《お》く。

❷

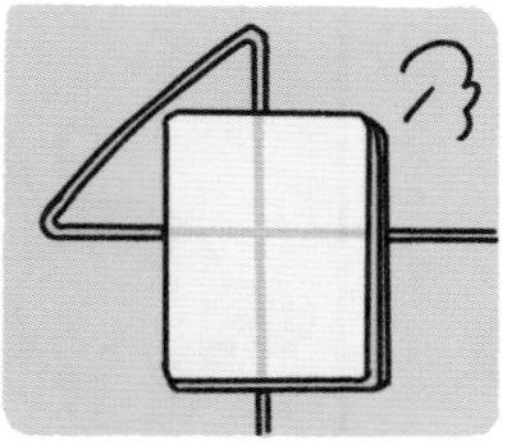

「十《じゅう》」の上《うえ》に本《ほん》を置《お》く。

❸

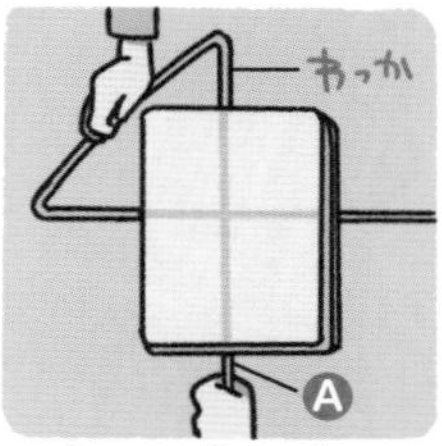
わっか
A

輪《わ》と、A《エー》を持《も》つ。

❹

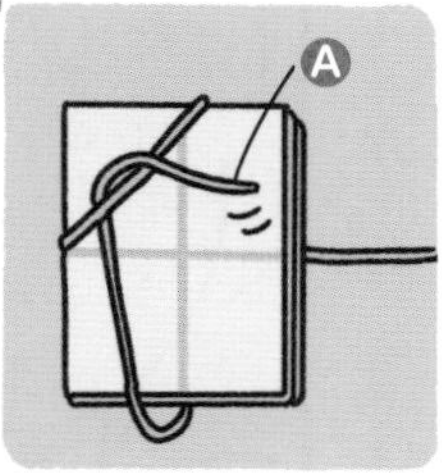
A

A《エー》を輪《わ》にくぐらせる。

❺

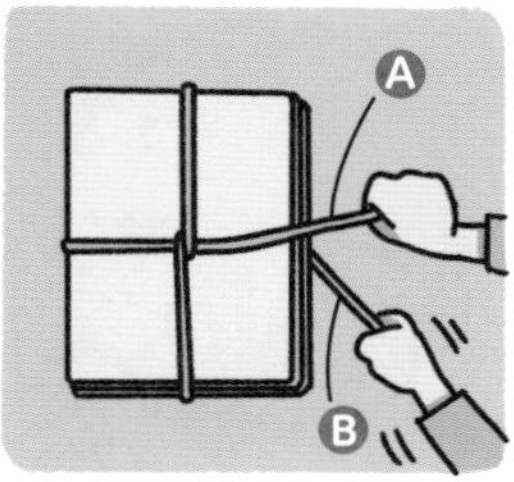
A
B

A《エー》を持《も》ちながら、B《ビー》を強《つよ》くひっぱり、ひもをピンとはる。

❻

完成《かんせい》!!

A《エー》とB《ビー》をはしで結《むす》ぶ。

今日《きょう》は、わたしの部屋《へや》でお茶会《ちゃかい》♪
きたよ〜!
うわー!
るりちゃんの部屋《へや》、かわいくなってる〜!
フフフ…
何《なん》か前《まえ》よりスッキリしたね。ちゃんと整理《せいり》されてるし!
そうなの!! 見《み》えないところもかたづけたんだよ。
引《ひ》き出《だ》しの中《なか》も、このとおり!
ピシーーッ!
すごーい!
あれ〜?
かたづけ苦手《にがて》じゃなかったっけ?
ふふっ。
かたづけの先生《せんせい》、キャロちゃんにいろいろ教《おし》えてもらったんだ!
キャロちゃん?
ちょっと!!
何《なに》もこんなところに収納《しゅうのう》することないでしょ!
クローゼット

らぴす、部屋《へや》を かたづけたって 本当《ほんとう》？
おう、びっくりするぜ！
ホントかい～？
らぴすのおばあちゃん
お父さん
おおっ!!
まあ！
整理《せいり》されてて 見《み》ちがえたわ。
フィギュアも ならべて かざったのか。
カッコいい！
そう、いっぱいかざれる ように工夫《くふう》したんだぜ！
いいな～
父《とう》さんの部屋《へや》もらぴすに かたづけてもらうかな。
それならヘヴィに 教《おし》えてもらえばいいじゃん！
え？
ヘヴィ？
うん！
オレのかたづけの先生《せんせい》!!
あれ？ ここはどこ？ らぴすぅ～。
大事《だいじ》なモノ入《い》れ
引《ひ》き出《だ》しの奥《おく》

その夜《よる》
今日《きょう》は、部屋《へや》を
おひろめできたし、
お茶会《ちゃかい》も楽《たの》しかったな。
くるり
いやあ～
がんばって
かたづけた部屋《へや》を
ほめられて、
うれしかったな。
これからも、
自分《じぶん》のペースで
かたづけを
続《つづ》けよう…。
るり…
らぴすぅ～
あなたたち、もうひとりでも
かたづけられるように
なったわよね。
ぼくらの役目《やくめ》は
これで終《お》わりだよ。
ふたりとも…
またね…

がば!!
チュン チュン
チチチ…
キャロちゃ〜ん!
まだいてくれた〜!!
ごめんね、大切《たいせつ》にしたいから、クローゼットの大事《だいじ》なモノボックスにしまってたの。
フン!!
あんな暗《くら》いところ、こりごりよ!
ヘヴィいた〜!
やっぱり、本当《ほんとう》に大事《だいじ》なモノは見《み》える場所《ばしょ》にないとな!
らぴすぅ〜
でも…
すてなきゃ!!
ゴミ発見《はっけん》!
何《なん》か家族《かぞく》がふえたみたいじゃない?
まあ、楽《たの》しいからいーじゃん!!

きみの大事《だいじ》なモノは何《なに》かな？

おわりに

保護者のかたへ

「早く片づけなさい！」と声を荒らげて強く子どもに言ってしまったこと、皆さんはありますか？

私は何度もありました。現在私には中学1年生の娘と小学2年生の息子がいます。子育てをする中で、大きな悩みの一つは「子どもの片づけ」でした。

私は2011年に「整理収納アドバイザー」という資格に出合って、そこで初めて「正しい片づけ」について学びました。過去に誰からも教えてもらったことのない内容ばかりで「今まで片づけがうまくいかなかったのはこのせいだったんだ」と思うと同時に、「子どもに正しい片づけ方を教えたことなんてなかった」と思ったことを今でも鮮明に覚えています。

皆さんは大人の私たちでも「正しい片づけ」を知らないのに、子どもに「正しい片づけ」ができると思いますか？

今までたくさんの子ども達と一緒に片づけをしてきましたが、子どもは「片づけができない」のではなく「正しい片づけのやり方を知らないだけ」という場合が多いようです。この本では「整理・収納・片づけ・整頓」の正しい意味や、「正しい片づけの順番、進め方」をわかりやすく解説しました。その部分をしっかり知ることで、子ども達の「片づけ」に対しての取り組み方は劇的に変わると思います。

もし、この本を読んだお子さんが「片づけをしてみよう！」という行動に出た時の対応として、皆さんに一つだけお願いしたいことがあります。

それはお子さんの「選択する力」を信じ、そっと見守り背中を押してあげてほしいということです。

片づけは、常に「選択の連続」です。自分にとって必要な物・不要な物を選択する、今いちばん大切にしている物を選択する、そしてどこに何をどんなふうに収納するかということも自分で選択していかなければいけません。
「そんなのいらないでしょ」「時間かかりすぎだよ」「どうしてそこなの？」などと口を出したくなることもあるかもしれませんが、ぜひお子さんを信じてそっと見守ってあげてください。

そして迷って立ち止まってしまっていたら、そっと背中を押してあげてください。片づけは常に「選択の連続」だと言いましたが、ここでつけた力は、将来必ずお子さんが生きていく上で強い味方となります。

進路を決める時、就職する時、結婚する時、そして多くの人や情報と付き合っていく中で「自分で決めて自分で選択する」という力は非常に重要なものです。「片づけ」はそんな力を育む練習になります。

新型コロナウイルス感染症が広がり、多くの方の暮らしは一変しました。おうち時間が多くなって「片づけ問題」と直面した方も多くいらっしゃったと思います。ですが、そんな時だからこそ家で育むことのできる「力」があります。

私は二人の子どもと片づけに取り組むことで、それぞれの子の意外な一面を発見することができました。そして子どものその時々の「今夢中になっている物」や「大切にしている物」を知ることもできました。片づけは親の私達にとって、子どもとのコミュニケーションツールにもなるのです。

この本を読んでくださった皆様が片づけを通じて、お子さんと笑顔になってくれることを心から願っています。

梶ヶ谷陽子

監修《かんしゅう》　梶ヶ谷陽子（かじがや ようこ）

Bloom《ブルーム》 Your《ユア》 Smile《スマイル》 代表《だいひょう》。整理収納《せいりしゅうのう》アドバイザー。整理収納《せいりしゅうのう》アカデミアマスター、住空間収納《じゅうくうかんしゅうのう》プランナー、間取《まど》りプランナー、防災士《ぼうさいし》など、暮《く》らしに関《かか》わる資格《しかく》を数多《かずおお》く取得《しゅとく》。テレビ、雑誌等《ざっしとう》さまざまなメディアで活躍《かつやく》。講演《こうえん》や商品《しょうひん》プロデュースなども行《おこな》っている。

どんな子《こ》だった？　かたづけが大好《だいす》きで、かたづけが苦手《にがて》な２才年上《さいとしうえ》のお姉《ねえ》ちゃんがちらかしたモノをせっせとしまったり、ぬぎっぱなしにした洋服《ようふく》を拾《ひろ》ってきれいにたたんだりする子《こ》でした。家族《かぞく》が喜《よろこ》んで笑顔《えがお》になってくれることがとてもうれしくて、いつもはりきってかたづけをしていました。

マンガ　みるパン

イラストレーター、マンガ家《か》。広島県出身《ひろしまけんしゅっしん》。新聞社《しんぶんしゃ》・広告代理店《こうこくだいりてん》に10年《ねん》勤務《きんむ》したのち、フリーランスになる。かわいらしくわかりやすいイラストがモットー。

どんな子《こ》だった？　マンガが大好《だいす》きで、買《か》ったマンガを作家順《さっかじゅん》や掲載雑誌《けいさいざっし》ごとに分《わ》けてならべることにこだわりを持《も》っていました。その代《か》わり、他《ほか》の部分《ぶぶん》はちらかっていましたが…。マンガ雑誌《ざっし》は毎月複数冊買《まいつきふくすうさつか》っていたことと、かなり厚《あつ》みがあるので整理《せいり》が大変《たいへん》だった記憶《きおく》があります。

【スタッフ】
本文デザイン　加藤朝代（編集室クルー）
装丁デザイン　鈴木大輔・江﨑輝海（ソウルデザイン）
校正　くすのき舎
編集協力　板谷路子

10才《さい》からの整理整《せいりせい》とん

2021年　10月10日　第1刷発行

監　修　梶ヶ谷陽子
マンガ　みるパン

発行者　永岡純一
発行所　株式会社永岡書店
〒176-8518　東京都練馬区豊玉上1-7-14
（代表）03-3992-5155　（編集）03-3992-7191

印刷・製本　クループリンティング

ISBN978-4-522-43896-1　C8076